ELIGE VIVIR

Mentoría para la vida

CARLOS OLIVEIRA

ELIGE VIVIR
Mentoría para la vida

Profesionaliza la gestión de
tu vida con el método EPIC

© Carlos Oliveira, 2022
© Ediciones Kōan, s.l., 2022
c/ Mar Tirrena, 5, 08918 Badalona
www.koanlibros.com • info@koanlibros.com
ISBN: 978-84-18223-72-3 • Depósito legal: B-4922-2023
Maquetación: Cuqui Puig
Ilustración de cubierta: Estudio Freixes Pla
Impresión y encuadernación: Romanyà Valls
Impreso en España / *Printed in Spain*

1ª edición, marzo de 2023

A Flor y a mis tres hijas, por enseñarme
y ayudarme a vivir con propósito cada día

Índice

Prólogo

A veces la vida nos pone delante a personas que son importantes para nuestro futuro profesional, sin que ellas sean muy conscientes de esto. Así ocurrió cuando, mientras cursaba el Programa de Dirección General (PDG) del IESE en Madrid, conocí al *coach* Carlos Oliveira.

Me llamaron la atención su vitalidad, cercanía y capacidad de escucha empática. Es rápido, inteligente, creativo y está bendecido por un gran sentido del humor. Sabe propiciar conversaciones inspiradoras que abren nuevos horizontes y perspectivas. Es estratégico y tiene una manera diferente y original de afrontar la realidad, desde una óptica práctica y accionable. Se puede decir que es una persona que ha elegido vivir, con toda la carga de profundidad que tiene la frase que ha escogido como título de este libro.

Su biografía es inseparable de la forma en que entiende los procesos de cambio, en lo personal y profesional. Carlos ha vivido un permanente camino de transformación en busca de esa libertad que todos anhelamos. Como puede descubrirse en estas páginas, los acontecimientos de su vida personal le han hecho crecer, cuestionarse, reinventarse y ejercitar con acierto el músculo que nos mueve a querer alcanzar los mejores sueños. Tiene carácter, es optimista por naturaleza y goza de una gran capacidad de resiliencia y empatía. Sabe poner el método y la disciplina adecuada a esa aspiración que los clásicos han llamado una «vida lograda».

El *coach* Oliveira, o el Tony Robbins español, como será conocido tras el éxito seguro de este libro, está acostumbrado a ayudar a muchos directivos a poner rumbo y navegación en sus embarcaciones profesionales, a pensar en grande, pero siendo concretos. Para él, nuestra vida es nuestra mejor inversión. Es por ello que necesitamos un plan para que profesionalicemos la gestión de nosotros mismos, a fin de comprar nuestro tiempo y libertad. Gestionar la propia Yo S.L. Es un negocio que trasciende lo estrictamente económico y que nos lleva a definir un propósito vital y una filosofía de vida. Sí, porque *Elige vivir* es un libro sobre el sentido de la vida.

Avanzar con la lectura de este libro requiere una disposición a cuestionar, desde ahora mismo, las propias metas y objetivos profesionales y personales que alientan nuestra vida y forma de entender la felicidad. Nos desafía a salir de nuestra zona de confort. Nos invita a aprender a ordenar, categorizar y priorizar aquellas cosas que «nos llenan», desempolvando y actualizando nuestro propósito.

Todos queremos trabajar en lo que nos gusta y nos realiza, queremos lograr la independencia económica, tener un plan efectivo de finanzas personales, y que todo esto genere un legado del que sentirnos orgullosos. Para que sea posible, necesitamos hacer un clic, un cambio de *mindset* o perspectiva que nos lleve a profesionalizar nuestra vida, es decir, a poner foco, planificación, metodología y acción. Pero muchas veces nos faltan las palancas, externas o internas, que propicien este cambio porque estamos fosilizados y oxidados por la rutina, la costumbre o la comodidad.

Carlos ha creado un interesante y práctico método que desgrana con detalle en este libro, para empujarnos amablemente a dar ese salto. Es su legado, para que encontremos una forma de vivir y trabajar más plena y enriquecedora. Como le gusta afrontar la existencia desde una perspectiva épica, en donde el coraje, el esfuerzo y el heroísmo son dignos de ser celebrados, lo ha denominado EPIC. Se trata de un proceso transformador que empieza a trabajar en ti desde la primera página, salpimentado por palabras como *foco, propósito, método, disciplina, transformación* o *estrategia.*

El texto es un buen ejemplo de otro rasgo que define a su autor: la generosidad. Generosidad para compartir el resultado de años de conversaciones y sesiones con directivos, de pensamientos y reflexiones íntimas, de haber devorado miles de hojas de manuales, hojas de cálculo, artículos, estudios y libros. Ahora nos regala un destilado en su punto justo, que nos proporciona claves e ideas mucho más accionables que cualquier libro de la estantería de autoayuda.

Carlos es un *coach* con miles de horas de vuelo de conversación con personas desmotivadas o aburridas que han necesitado alinear su valores y objetivos, moldear su perspectiva vital y recuperar su capacidad de soñar. A muchos nos ha ayudado a levantar la mirada, suscitando que nos hiciéramos las preguntas necesarias. Esas que los periodistas siempre buscamos para planificar y realizar una buena entrevista, y que él denomina, con acierto, «las preguntas poderosas».

Las preguntas poderosas son aquellas que te revelan una perspectiva diferente y te ayudan a afrontar un cambio de rumbo, sin hacer caso del saboteador interno que todos llevamos dentro y que potencia más los miedos que los sueños. Son preguntas que llevan a la acción y te conviertes en un facilitador del cambio. Porque Carlos tiene una cualidad imprescindible para aprender/mirar y después enseñar/mostrar. Es curioso y se interpela continuamente por el porqué de las cosas y por los porqués de las personas que tiene delante. Sabe del poder incendiario de alimentar la motivación, de ser asertivo y tener una autoestima sana. Abraza el sentido común y está enamorado de los procesos y las estrategias.

Este es un libro de lectura ágil y didáctica. Encontramos junto a una vibrante argumentación teórica, con sus herramientas y técnicas, casos reales, con nombres propios, en un texto que seduce sin sobresaltos. Hay gráficos, DAFO y diagramas que, para los que se están iniciando, respiran sentido común y humanidad. A pesar de que a él le encantan los decálogos, las listas y los acrónimos, no hay que asustarse. Están todos engarzados con ingenio y naturalidad. Y para los más inquietos e impacientes, hay desde el primer capítulo detallados ejercicios prácticos para ir entrenando punto por punto ese cambio de actitud.

Mientras lees estas páginas, quieres hacer, quieres cambiar, quieres mejorar, quieres vivir y quieres poner en marcha el plan de operaciones de tu empresa vital. Quieres ser tu propio CEO. Te entran ganas de liderar tu propia vida con determinación, ambición y audacia. De tener esa «Actitud Permanente de Conquista» (APC) que el autor cultiva y proclama hace años. De administrar y gestionar tu tiempo con inteligencia y generosidad.

Carlos da mucha importancia a la comunicación porque él es, sobre todo, comunicación. Cuando trabaja, cuando da clase, cuando conversa, cuando escribe... Sabe y ha experimentado en sus propias carnes que todo lo que hacemos y decimos habla de nosotros. Porque somos seres sociales y relacionales que comunicamos con todo. Por eso también dedica una parte importante de este libro a hablar del *branding* personal. Nos anima a sacar brillo a nuestras cualidades, logros y aciertos como forma de reivindicar la valía personal. A descubrir y potenciar nuestro valor diferencial, a saber leer bien el contexto, tener canales abiertos y a diferenciar la buena de la mala comunicación.

Su experiencia en el mundo del marketing, de la transformación digital, de la banca, de la universidad, de las ventas, las conferencias o la mentoría le convierten en un agitador privilegiado para hablar a tantos profesionales estancados en la apatía profesional. Y lo hace con un lenguaje fresco, certero, cargado de confianza y sentido. Por eso aprenderás a profesionalizar la venta de ti mismo y a reinventarte profesionalmente, si eso es lo que necesitas o estás buscando.

Carlos es una persona profundamente humana: habla de su ecosistema familiar, más allá de pareja e hijos, en un sentido amplio, desde la visión y misión de su propia empresa. Para él no existen dos mundos separados: el profesional y el personal, sino un todo coherente que hay que alimentar y ordenar con las herramientas y el método que nos marca el propósito vital.

Esa familiaridad nace de una visión realista de la realidad, alejada de estereotipos inalcanzables. Prescindiendo de las frases motivacionales artificiales y huecas, y mucho más cercana al conocimiento del límite, la vulnerabilidad, la compasión, el cuidado y la aceptación de lo que realmente somos y queremos ser. Tiende a desterrar el pesimismo que nos paraliza. A través de sus palabras, genera una cultura que conecta los puntos centrales de nuestra misión, visión y valores. Porque Carlos, como ya hemos dicho, tiene una profunda visión y una vivencia trascendente de la vida, que le ayuda a focalizar la atención en las cosas realmente importantes. Trata de estar siempre conectado y abierto a su esencia para cultivar y recomendar la práctica de la gratitud y la gratuidad, garantía de una felicidad auténtica.

He escrito este prólogo tras una lectura voraz y entusiasta de *Elige vivir*. No creo que dure mucho tiempo en tu mesilla de noche. Es un libro que, con sus palabras certeras y anécdotas creíbles, te interpela de forma amistosa. Te lleva a territorios que solo pueden hacerte crecer. Es práctico, concreto. Es una guía por el mejor y más efectivo itinerario de cambio y transformación de tu liderazgo interior.

En los medios de comunicación pensamos a diario en hacer buenos contenidos para el oyente/lector/espectador/usuario. Y lo que siempre tomamos como criterio es que estos contenidos nunca le deben dejar indiferente. El objetivo es que la escucha de cualquiera de nuestras historias o argumentos provoque en la audiencia, en mayor o menor medida, un cambio en su vida o al menos un deseo que mueva a la acción.

A mí, personalmente, es lo que me ha ocurrido al terminar el último capítulo de *Elige vivir*, una prolongación gratuita de mi encuentro providencial con Carlos Oliveira. Porque, como él mismo afirma en estas páginas, para trascender y dejar un buen legado simplemente hay que tomar la decisión de vivir. Las ideas y conceptos de este libro te ayudarán a descubrir el lado más esperanzado, fascinante y épico de este azaroso milagro que llamamos vida.

Javier Visiers Lecanda
CEO de Ábside Media
(COPE, Cadena 100, Rock FM, Megastar y TRECE).

Introducción: mentoría para la vida

> «Aun con todas sus farsas, penalidades y sueños fallidos, el mundo sigue siendo hermoso. Sé cauto. Esfuérzate en ser feliz.»
>
> Max Ehrmann, *Desiderata*

—Pero si tú, de banca, no tienes ni idea.

—Correcto, y eso es lo mejor que tengo.

Con este pequeño diálogo concluía en 2017 mi última entrevista de trabajo para un tercero. Mi interlocutor, uno de los responsables de un fondo de inversión dueño de EVO Banco, señalaba, con acierto, mi falta de experiencia en el sector bancario. Yo afirmaba con total seguridad que esa carencia no era más que una virtud. La suya era una reflexión razonable: yo no tenía noción alguna de banca, pero no importaba. De mi parte no hubo soberbia, ni inconsciencia, ni un golpe de suerte. Nada de hadas madrinas agitando varitas mágicas ni mantras que repitiera para atraer la fortuna. Ni fórmulas secretas.

Os diré lo que sí hubo: método y disciplina. En definitiva, mucho trabajo.

Durante siete meses, entrevista tras entrevista, me esforcé para convencer a mis potenciales empleadores de que me necesitaban, de que era la persona indicada para ocupar un importante puesto directivo en el banco digital, de que mi conocimiento del consumidor final, mi visión diferente y externa al sector, mi capacidad de liderazgo y de empuje eran indispensables para llevar a cabo el proyecto de transformación corporativa que tenían en mente y que debía relanzar la empresa para una futura adquisición.

Durante aquella reunión que tuvo lugar a lo largo de una comida nada fue dejado al azar. Preparé el encuentro durante días. Tenía respuestas listas para todo tipo de preguntas. Me habían avisado de que mi interlocutor era un hombre que se aburría con facilidad, que solía mirar el teléfono en plena conversación. Me propuse que lo hiciera lo menos posible y logré que no consultara el móvil ni una sola vez. Conseguí mantener su atención, persuadirlo. Hablamos de meditación, una afición que ambos compartíamos, y dirigí el diálogo hacia los aspectos que quería resaltar de mi persona, y había preparado a conciencia mi alegato previamente. No hubo preguntas en todo el encuentro, solo el disparo final, a bocajarro: «Pero si tú, de banca, no tienes ni idea». Mi contestación —«Correcto, y eso es lo mejor que tengo»— sorprendió y agradó a mi entrevistador. Había hecho los deberes: empoderé mi flaqueza, pues realmente creía que mi propuesta de valor era única y podía encajar perfectamente en su organización; como así fue.

Durante cuatro años me encargué de la transformación digital de la empresa. Como solía bromear, yo me encargaba de todo lo que *molaba* del banco. Fue una experiencia formidable: ganamos numerosos premios de innovación, mutamos de un banco físico, con más de un centenar de oficinas, a una banca *online*, con una sola oficina en todo el país. No obstante, lo confieso, sigo sin entender realmente de activos o tipos de interés.

Yo venía de vender champús, lentes de contacto y cereales en distintas e importantes multinacionales dedicadas al gran consumo, como Johnson & Johnson o Kellogg's. ¿Qué se me había perdido en el mundo de la banca? Crecer laboralmente, sin duda. No obstante, la elección tanto del puesto de trabajo como de la empresa empleadora iba un paso más allá de un mero cambio o ascenso profesional. Era una decisión que había analizado de antemano con gran detalle y tenía un propósito concreto en relación a un plan operativo vital marcado años atrás respecto a cómo ansiaba vivir mi futuro.

Desde bien joven me propuse ser dueño de mi propio destino y mi meta nuclear pasaba por *jubilarme* a los cuarenta. No pensaba en dejar de trabajar, sino en dedicarme a actividades que me apasionaran de verdad, que me dieran plena satisfacción, más allá de las necesidades puramente alimenticias que nos llevan a acudir a diario a nuestros puestos de trabajo. Sin embargo, ese ímpetu juvenil se fue diluyendo en el mar de las responsabilidades que adquirimos con la madurez, y me convertí en un teórico de mí mismo. Supongo que esperaba ese golpe de suerte, ese *deus ex machina* que me resolviera la papeleta. Por suerte, el germen de mi espíritu inconformista seguía ahí, y pronto me di cuenta de que, si quería alcanzar mis sueños, tenía que idear un plan y pasar a la acción. Empecé a repetirme: «Yo trabajo para mí y (tal compañía) es ahora mi cliente». También puse en marcha numerosos planes B que discurrían paralelos a mi carrera profesional, y que debían ayudarme a lograr el objetivo de cambiar de vida. Monté varias franquicias de decoración, fui profesor universitario y de varias escuelas de negocios. Era un principio, pero no era suficiente. Hablaba de planes B y de metas de futuro, pero no exploraba a fondo toda mi capacidad de transformación, mi potencial. Necesitaba un punto de inflexión.

Por desgracia, ese momento llegó con el fallecimiento de mi primera mujer, después de haber convivido durante una década con una leucemia diagnosticada a los ocho meses de casarnos. Su pérdida me llevó a replantear mis prioridades, a tomar perspectiva respecto a mi propia existencia. Tanto su larga y terrible enfermedad, como la pérdida de una esposa y madre —durante aquellos años adoptamos una niña— significaron un progresivo aprendizaje vital. Pude comenzar a relativizar muchos de los problemas que me sofocaban en el día a día y a priorizar todo aquello que me llenaba y que me aportaba valor; en definitiva, lo que me hacía feliz.

Esta pérdida fue la palanca que hizo mover mi mundo. A raíz de su ausencia, me interesé por el *coaching* y empecé a estudiarlo en profundidad. Al principio me centré en aspectos concretos que me ayudaron a transitar el duelo, pero lo que en un comienzo fue una práctica para entenderme a mí mismo, a la realidad que me rodeaba, y una herramienta para gestionar mis emociones, acabó apasionándome. Leí cientos de libros y artículos, pasé horas viendo vídeos, compré cursos. Me obsesioné en entender el núcleo de la felicidad, la importancia de la trascendencia.

Fue tan grande el impacto que generó en mí este proceso de autoconocimiento y el descubrimiento de una disciplina tan generosa que, paralelamente a mis distintos empleos, me formé y certifiqué como *coach* co-activo. Descubrí que ayudar a otras personas me satisfacía muchísimo, y decidí empezar a dedicar parte de mi tiempo al *coaching* y la mentoría, prácticas que ejercía con el acuerdo de las empresas en las que trabajaba. Rápidamente, debido a mi extensa experiencia como alto directivo, comencé a colaborar con la escuela de negocios IESE —en la que yo mismo había estudiado en el pasado— a la vez que creaba mi propia cartera de clientes.

Durante esos primeros años como *coach* y mentor, empecé a ser consciente de que vender champús, lentes de contacto y cereales no me llenaba de la misma manera que ayudar a los demás a encontrar su voz y camino propios. También me di cuenta de que si en verdad quería dedicarme a aquellas actividades que me ofrecían una vida más plena —y que cada vez estaban más en línea con el ejercicio del *coaching* y la mentoría—, debía aumentar las probabilidades de éxito. Eso solo era posible mediante la acción constante, tal como venía haciendo desde hacía años en mis proyectos profesionales, en los que desarrollaba planes operativos a corto, medio y largo plazo, aplicaba metodologías y analizaba resultados. ¿Cómo no lo había visto antes? ¿Por qué no tenía un plan para mi propia vida, mi mayor inversión? Si quería maximizar mi felicidad, de la misma manera que hacía con las ventas de los productos que representaba, debía poner en marcha un sistema y emplearlo en mí con la misma precisión que aplicaba en el ámbito profesional. ¿Por qué no trabajar por y para mi empresa vital? ¿Por qué no destinar el cien por cien de mi *know how* en la dirección comercial y corporativa y en la transformación empresarial y de desarrollo de negocio a mi proyecto más importante, Carlos Oliveira S.L.? ¿Por qué no profesionalizarme en la gestión de mí mismo para alcanzar los resultados que deseaba?

Fue así como una mañana de sábado me preparé un café y abrí una hoja de cálculo en el programa Excel de mi ordenador que titulé «Compra de libertad». En ella anoté una previsión de ingresos y gastos a tres, cinco, diez, veinte años vista. El documento era pantagruélico y contenía toda mi existencia: previsiones, imprevistos, herencias, impuestos y un largo etcétera. Cuando al poco tiempo nacieron mi tercera y cuarta hija, fruto de mi segundo matrimonio, ¡alteraron significativamente mi cuenta de resultados! Pero no importaba, el ejercicio era más que un presupuesto vital: era el símbolo de mi ambición de cambio. Me ofreció un objetivo concreto que perseguir y la obligación de poner foco en él para encontrar la manera de alcanzarlo. Me transformó.

No fue casualidad, entonces, que pusiera todo mi empeño en lograr un puesto directivo en EVO Banco. Era un hito que me brindaba una oportunidad única: culminar mi «Compra de libertad». Formar parte del proyecto de transformación digital del banco aceleraba mi «plan de jubilación», porque la intención corporativa final del fondo de inversión dueño del banco era vender la empresa —tal y como sucedió en 2019; EVO Banco ahora pertenece a Bankinter— y ello implicaba obtener, como alto cargo, una fuente de ingresos extra y significativa.

Hubo foco, planificación, metodología y acción. Hubo método EPIC.

Épico es una palabra que siempre ha resonado en mi interior. Significa «algo grandioso o fuera de lo común». La épica ha sido una constante en las empresas en las que he trabajado. Siempre me he automotivado y he guiado a mis equipos hacia la búsqueda de la excelencia. Me llena de orgullo haber conseguido junto a mis colaboradores a lo largo de mi carrera importantes premios para los proyectos que he llevado a cabo gracias a esta actitud. Con el método EPIC logré cambiar mi vida. Desde hace ya varios años soy dueño de mi agenda y paso muchísimo más tiempo con mi familia. Diversificar mis «departamentos» me permitió sistematizar mis operaciones, y he llegado a generar hasta catorce fuentes de ingresos mensuales recurrentes. Con método y disciplina, he logrado diseñar un ecosistema económico propio que comprende desde alquileres de propiedades, acciones, participaciones en *startups* y todo tipo de inversiones, hasta distintas consultorías en ámbitos de ventas y marketing, transformación digital e innovación, desarrollo de proyectos y estrategias, cursos, conferencias, retiros, talleres, formaciones y, por supuesto, mi mayor pasión, *coaching* y mentoría para empresas y particulares, especialmente para personas en cargos directivos de alto nivel. Ayudar a los demás a recorrer caminos por los que yo mismo he transitado me llena de gozo. Me hace feliz haber impulsado a más de medio millar de personas —de sectores divergentes y de dentro y fuera de nuestras fronteras— a ser épicos gracias a una metodología construida a través de mi propio viaje.

Son miles las historias que llevo conmigo. Recuerdo con especial cariño a Jaime, que ocupaba un cargo intermedio en una multinacional. Jaime se sentía profundamente desmotivado en su lugar de trabajo. Juntos definimos una agresiva estrategia de *networking* dentro de su propia empresa para lograr el puesto de trabajo que siempre había querido. Con un objetivo muy claro, creamos un plan de acción y, en poco tiempo, consiguió el puesto deseado, más un aumento de sueldo. Pero la historia no termina aquí. Años más tarde, una reestructuración empresarial lo llevó al desempleo. Volvió a contactar conmigo. En esta ocasión, analizamos su perfil y sus posibilidades laborales, y decidimos reorientar su carrera. En tiempo récord, accedió a un nuevo lugar de trabajo en el que se ha desarrollado profesionalmente con gran éxito.

También tengo presente a María, una trabajadora brillante, completamente estancada por su incapacidad de soltar un buen «no» cuando era necesario. Con un conjunto de habilidades asertivas, técnicas de defensa de la agenda propia y un poco de «Actitud Permanente de Conquista» —que explicaré más adelante—, María logró un ascenso y aumentó su bienestar personal.

Como estratega de vida y de negocios, mi intención es que mis clientes ideen un plan concreto y funcional, con criterio y sentido común, que les permita tejer su propio hilo vital y encontrar su razón de ser, del mismo modo que yo logré hacerlo. Cambiar de vida. Suena tan grandilocuente como inabarcable, casi una utopía, pero no lo es si eliges vivir, si te atreves a definir un propósito y a trabajar por y para él. Es posible pasar al siguiente nivel, desbloquear la pantalla secreta final, volver a la casilla de salida y empezar la partida de nuevo. Te lo aseguro. Sea cual sea tu ambición de cambio: negociar un aumento de sueldo, ganar asertividad o emprender tu propio proyecto, la metodología EPIC te dará las herramientas necesarias para alcanzarla.

Mi mayor deseo es compartir esta experiencia contigo y esa es la razón de ser de este libro.

EPIC es mentoría para la vida. Se trata de la sistematización de mi propia experiencia profesional como alto directivo durante veinticinco años y como *coach* y mentor a lo largo de una década. Es un legado en vida del que me siento infinitamente orgulloso, un modo de trascender en quienes me lean, pues este método también va de trascender, de decidir cómo te gustaría ser recordado y desarrollar hábitos acordes a tus valores, de tener una conciencia en paz y elevar tu bienestar a otro nivel.

EPIC es un atajo, una guía condensada para que, en tiempo récord, conozcas y apliques una serie de técnicas que te impulsen a crecer, contemplar tu vida y el mundo desde otra perspectiva, a ponerte metas que te permitan lograr tus objetivos, a desarrollar aptitudes y actitudes, aplicar técnicas para que te conozcas mejor y sepas qué quieres, necesitas y anhelas, para que encuentres tu propósito, sea cual sea. Esto último parece obvio, pero no lo es.

Desde la psicología cognitiva, Carol S. Dweck define dos tipos de personas: las que tienen una «mentalidad fija» y las que tienen una «mentalidad de crecimiento». Las primeras creen que toda habilidad es innata, por lo que cualquier fracaso se debe a la carencia de las habilidades necesarias; las segundas, en cambio, consideran que toda habilidad es aprehendida si se invierte tiempo y esfuerzo en su desarrollo. Para esta investigadora, potenciar una mentalidad de crecimiento «permite a una persona vivir una vida menos estresante y más exitosa».

Elige vivir busca ser el catalizador que te permita modificar tu *mindset*, todas aquellas creencias que determinan nuestra actitud y nuestro comportamiento en relación a nosotros mismos, los demás y la propia realidad.

Mi propósito es que, gracias a esta lectura, salgas del pozo de la resignación, sea cual sea el motivo que te ha llevado a él. Es el primer paso y el más importante. ¡Enhorabuena! Has decidido ser valiente, crecer y apostar por ti. Vamos a por ello. Te voy a poner a trabajar en ti para:

— Desbloquear tu carrera profesional y conseguir el trabajo que mereces.
— Descubrir tu propósito de vida y vivir conforme a él.
— Trabajar en tu legado, en cómo quieres trascender.
— Alcanzar la libertad financiera.

Eso sí, EPIC va de transpiración. Hay que remangarse y ponerse a trabajar. En la primera parte del libro definiremos la mejor versión de ti mismo a través de la introspección y el autoconocimiento. Comprenderemos cómo funciona el cerebro y cómo evitar que te juegue malas pasadas. Te invitaré a conocerte mejor, a entenderte verdaderamente, a encontrar el propósito (exclusivamente tuyo) que da sentido a tu existencia, y a descubrir a tu CEO interior, el director ejecutivo de tu empresa vital, el líder que guiará tus pasos. En la segunda parte nos fijaremos un objetivo.

Proyectaremos tu futuro profesionalizando la gestión de tu vida. Creamos el plan operativo de tu «Yo Sociedad Limitada (S. L.)». En la tercera parte pasaremos a la acción: pondremos a todos los departamentos de tu empresa vital a trabajar para ti: ventas, marketing, comunicación, etcétera. Con la actitud y el trabajo adecuado, sacaremos adelante la mayor inversión de tu vida: tú. Crearemos un compromiso contigo mismo, abandonaremos la procrastinación y pasaremos a la acción, sin excusas. Finalmente, en la cuarta parte, afianzaremos lo aprendido y construido a través de hábitos y actitudes que alienten tus próximos proyectos, para que afrontes los siguientes pasos con ánimo e intención, pues EPIC también va de seguir creciendo, siempre adelante.

E Entendimiento

Para ser la mejor versión de ti mismo, primero debes hacer un profundo y sincero ejercicio de introspección y autoconocimiento.

P Propósito

Fíjate un objetivo. Dale un sentido a tu vida. Decide quién quieres ser, hacia dónde quieres ir.

I Inicio / Inversión

Pasa a la acción, sin excusas, sin aplazarlo más. Con la actitud y el trabajo adecuados, serás imparable.

C Consolidación

Afianza lo aprendido y lo construido en el plan. Consolida los nuevos hábitos para mantener de por vida una actitud adecuada y enfocada atus objetivos.

La metodología EPIC está compuesta por cuatro fases que puedes aplicar en cualquier ámbito de tu vida para alcanzar tus objetivos.

Mi compromiso contigo es que te conozcas a ti mismo, descubras qué quieres, qué te ilusiona, qué hace que te levantes cada mañana. Mi propósito es ayudarte a construir tu propio camino para alcanzar todo tu potencial y convertirte en quien siempre quisiste ser. Con convicción y seriedad, estoy convencido de que superarás todos los obstáculos, vencerás a la tiránica rueda de la rutina, capaz de acabar con toda voluntad, y empezarás a vivir de verdad, acorde con tus deseos y valores. Ahora toca pensar y trabajar en tu futuro, labrar tu propio concepto de éxito y mostrar al mundo la mejor versión de ti. ¿Empezamos? Aparca la resignación y pasa a la acción. Estás frente al camino más importante de cuantos debemos transitar en la vida.

Recuerda: esto no va de suerte ni de secretos, va de trabajo. Es metodología. Será un placer —¡y un honor!— guiarte como mentor de vida y *coach*.

El método EPIC y el cuaderno de pensar

«Yo solo puedo mostrarte la puerta, tú tienes que atravesarla.»

Matrix

Elige vivir es una invitación a pensar en ti y para ti. Quiero empoderar tus pensamientos, pues serán tus mejores aliados para alcanzar tu propósito y convertirte en la persona que siempre has deseado y mereces ser.

Para conseguirlo, este libro cuenta con diez ejercicios para poner en práctica el método EPIC. Lo que te propongo no es una simple gimnasia teórica, algo que cae en el olvido en un par de semanas. Todo lo contrario. Esta invitación es un billete solo de ida a un viaje con numerosas paradas, pero sin destino final.

Anota todo aquello que pase por tu cabeza, ordena esa información, analízala y actúa en consecuencia. Emborrona páginas y páginas, no tengas miedo. Conviértete en el narrador de tu propia vida. Aprender a dialogar contigo mismo te permitirá conocerte en profundidad. Aunque es solo una recomendación, estoy convencido de que con esta herramienta no solo sacarás el máximo provecho a la lectura de *Elige vivir*, sino que también ganarás un espacio único y personal para el resto de tu vida. En una libreta como las que usabas en el colegio, en tu agenda para todo, en un documento de tu ordenador, o en las notas de voz del móvil: da igual qué uses mientras encuentres treinta minutos diarios solo para ti. Crea tu cuaderno de pensar. Una vez que practicas este diálogo interior, te sientes dueño de tus pensamientos, adquieres la actitud necesaria. Si eres constante, si interiorizas y automatizas este ejercicio, tu autoentendimiento y autocontrol llegará a ser enorme.

Será como tener tus propios *insights*. En las empresas en las que he trabajado, conocer las percepciones o experiencias —en su mayoría inconscientes— que nuestros clientes tenían asociadas a nuestra marca o producto al consumirlo nos servía para mejorar un proceso u optimizar estrategias, pero especialmente nos daba la capacidad de entender la esencia de nuestro propio trabajo: conocer los *drivers*, los auténticos motivos de compra de nuestros consumidores. Aplicando al método EPIC, te haré muchas preguntas poderosas, como decimos en *coaching*, para extraer los *insights* de tu vida. Tus rutinas y hábitos, tus pensamientos aparentemente intrascendentes, tus reacciones, tus sentimientos, tus quejas, todos esto habla de ti. ¿Por qué hoy he estado enfadado todo el día o, por el contrario, tan motivado? ¿Qué he hecho distinto? ¿Qué no he hecho? ¿Qué se esconde detrás de esa frustración o esa alegría? Cada cosa que hacemos, decimos y vivimos conforma quiénes somos: nuestros valores, nuestros propósitos. La mayoría de las veces no somos conscientes de ellos. Nadamos en la superficie de la existencia, perdidos en la inmensidad de un océano de emociones y pensamientos, perseguidos por los grandes depredadores del día a día: nuestras responsabilidades laborales y familiares y nuestros miedos. Voy a enseñarte a surfear las olas de la adversidad para que cruces tu mar interior y navegues con viento de cola hacia tus objetivos, dejando atrás esas trampas mentales que te frenan y te impiden evolucionar. Empezamos. Vamos a preparar tu plan de acción.

PRIMERA PARTE

E de Entendimiento.
Descubre a tu CEO interior

«Tu mirada se aclarará solo cuando puedas ver dentro de tu corazón.

Aquel que mira hacia afuera, sueña; aquel que mira hacia adentro, despierta.»

Carl Jung

1

El año en que languidecimos colectivamente

A comienzos del 2020, la pandemia de coronavirus llegó a nuestras vidas de improviso y arrasó con todo. Vivimos un punto de inflexión colectivo. De la noche a la mañana nos encontramos lidiando con el miedo, la tristeza y la soledad. Aprendimos a convivir —no quedaba otra— con el estrés y la ansiedad en un mundo incierto y desasosegante. Tiempo después volvimos a la que los medios de comunicación llamaron «nueva normalidad» y todo pareció una extraña pesadilla.

A Juan le cuesta dormir, y aunque sabe que no debe, agarra el teléfono móvil una vez en la cama. Entra en su red social favorita y se zambulle en un universo paralelo. La habitación está oscura. Su rostro, iluminado por el halo de la pantalla. Su mente está aparentemente en blanco, apenas concentrada en que su dedo índice mantenga un *scroll* continuo mientras ve vídeos de deportes de aventura, una de sus grandes pasiones. Durante esas noches en vela le invade una terrible sensación de vacío, de pura indiferencia. Pero prefiere no pensar en eso, apático desde que estalló la pandemia. ¿O viene de antes? Durante un tiempo tuvo miedo. ¿Lo despedirían? ¿Acabaría enfermándose? Vivía entre renuncias y fatigas. Aunque todo ha vuelto a una aparente normalidad, él no ha recuperado el ritmo. Le falta aliento e ilusión. No entiende el motivo, pero tampoco piensa mucho en ello. ¿Para qué? Finalmente, Juan concilia el sueño. A la mañana siguiente sigue con su rutina diaria: va a trabajar, lleva a los niños a piscina, se toma unas cañas con unos amigos y prepara la cena.

Según el psicólogo estadounidense Adam Grant, autor del superventas *Piénsalo otra vez*, este estado de ánimo se llama languidez[1] y, aunque no es algo fuera de lo común, la pandemia acrecentó su diagnóstico. La languidez nos encadena a nuestros propios miedos y frustraciones, sofoca la creatividad, apaga nuestra energía. Nos sentimos solos, tristes, aburridos, completamente desmotivados y, además, culpables por ello.

Juan sigue enganchado al móvil durante sus crisis de insomnio, cada vez más frecuentes. Trabaja como un cargo intermedio en una multinacional, en la que ingresó tras hacer prácticas, habiendo invertido tiempo y recursos en su formación. Ha perdido la cuenta de los años que lleva trabajando en el mismo departamento. Ha ganado responsabilidades y su sueldo ha crecido, aunque no demasiado. Ha memorizado sus tareas hasta el punto de llevarlas a cabo de forma mecánica. Tampoco es que le pidan mucho más. Cada idea que ha tenido, su jefe ni ha querido escucharla. ¿Para qué esforzarse? Juan siente que necesita un cambio, pero no sabe cómo moverse ni en qué dirección: ¿una promoción interna? ¿Reciclarse y cambiar de trabajo? ¡Es una locura! Tiene una hipoteca y el dentista le ha dicho que su hija necesitará ortodoncia, que vale una fortuna. Está bien donde está. Cobra cada mes, ¿qué más puede pedir? Además, ¿quién no se siente insatisfecho con su vida? Él no va a ser la excepción. Y sin embargo, Juan no se siente bien. Está apático, ni siquiera se da el permiso de sentirse lánguido. Vive en piloto automático.

ELIGE VIVIR

Es sorprendente la cantidad de altos directivos o personas influyentes que parecen exitosas y plenas, pero que en verdad viven en este *stand by* perpetuo, sin horizonte hacia el que dirigirse. La languidez puede ser un factor de riesgo para la depresión clínica, como afirma el sociólogo y psicólogo estadounidense Corey Keyes, quien ha estudiado y definido psiquiátricamente este estado de ánimo asociado a «la falta de espíritu, valor o energía». Todos hemos pasado épocas de nuestra vida en modo «batería baja» o, como dice Grant, contemplando «la vida a través de un parabrisas empañado». Por desgracia, parece que hemos normalizado este sentimiento, conformándonos con una existencia plana. Nos preguntamos repetidamente: ¿Quién no tiene días malos?, cuando lo que nos deberíamos cuestionar es por qué hemos tirado la toalla, por qué nos resignamos. Trescientos sesenta y cinco días malos en un año es más que una mala racha, ¿no crees? La vida tiene que ser más que un trabajo aburrido, una suscripción a una plataforma de televisión y unos cuantos días de entretenimiento. ¿Qué ha pasado con las ganas de vivir?

La epidemia de la resignación

Nos encantan las frases motivadoras. Algunas son grandilocuentes, otras poéticas. Las subrayamos cuando las leemos, las escribimos en los márgenes de nuestra agenda para tenerlas presentes, las cantamos a todo pulmón en las canciones que las reivindican, las estampamos en la taza del desayuno con la esperanza de que al leerlas nos empoderen cada mañana. Sin duda, la teoría nos la sabemos, pero otra cosa es la capacidad de ponerla en práctica, de trabajar por y para nosotros mismos.

El sociólogo francés Gilles Lipovetsky asegura que el sentido de la vida «es tener ganas, ser seducido por la existencia», y yo añadiría: necesitamos saber que nuestra vida tiene importancia y valor para nosotros mismos y para los nuestros, que sirve para algo, que tiene un propósito. El letargo o una existencia vacía no deberían ser un modo de vivir. Pero hasta que no decides cuestionarte a ti mismo, nada cambia. Una de las grandes tragedias de la vida reside en que muchas veces no somos conscientes de nuestros propios puntos de inflexión o encrucijadas vitales. Existen puntos de inflexión que te arrollan, como me sucedió a mí con la enfermedad y muerte de mi primera esposa; otros, como la pandemia por coronavirus, tienen un carácter trascendental y su magnitud nos ofrece una fácil clarividencia, pero la verdad es que a lo largo de nuestra vida tienen lugar decenas, centenares, ¿miles?, de pequeñas confluencias que moldean nuestro carácter, que conforman nuestra identidad y marcan nuestro camino. No es de extrañar que la pandemia hiciera que muchas y distintas alarmas internas saltaran. Una gran cantidad de personas se replantearon sus prioridades y empezaron a cuestionarse paradigmas que creían inamovibles en su vida. ¿Si siguiera teletrabajando podría llevar a mis hijos al colegio todas las mañanas? ¿Estoy compartiendo mi vida con las personas que realmente quiero? Si me marchara a vivir a una ciudad más pequeña, ¿gozaría de mayor calidad de vida? En la pandemia vieron la luz infinidad de nuevos propósitos. Muchas personas pusieron en valor antiguos deseos, aspiraciones pendientes, nuevos caminos. Es posible que ese sea tu caso y lo que te ha movido a leer este libro. En mi caso, la pandemia aceleró algunos de mis planes vitales, que se volvieron mucho más nítidos en medio de todo ese caos que nos atravesó.

Juan ha llegado a un punto de no retorno. El insomnio de meses le está pasando factura: encerrado en sí mismo, deambula, no sabe hacia dónde dirigirse. Se siente solo a pesar de estar rodeado de gente, de tener buenos amigos y una familia que le quiere. La rutina, lo que se espera de él y las responsabilidades han devorado sus sueños. Sin embargo, una noche decide dejar el móvil. Se siente asqueado. Necesita entretener la mente con alguna actividad mecánica. Se pone a ordenar un armario y encuentra el trabajo de fin de máster: un plan empresarial de una red social para amantes de los deportes de aventura. Como por arte de magia, recupera la sonrisa al recordar la pasión que puso en ese proyecto. ¿Y si hubiera seguido adelante con él? ¿Qué habría pasado? Emocionado, se sienta en el sofá y lo lee del tirón. El día le atrapa sin haber dormido, pero por primera vez en mucho tiempo se siente motivado.

Pasa a la acción: el nacimiento de un propósito

Entender quiénes somos e identificar lo que suma y lo que resta en nuestras vidas —en definitiva, hallar nuestro propósito vital— es posiblemente el reto más complejo y trascendente al que nos enfrentamos como seres humanos a lo largo de nuestras vidas. Algunos encuentran la respuesta de forma rápida y fácil, otros necesitan recorrer caminos sinuosos para alcanzarla, muchos no llegarán nunca a conocerla, habrá incluso los que ni tan siquiera intentarán formular la pregunta.

La vida en piloto automático nos lleva a aceptar una serie de falsedades que damos por buenas, algunas porque socialmente se nos ha dicho que debemos aceptarlas sin rechistar. Por ejemplo, nos repetimos con demasiada frecuencia engañosos axiomas como «debo estar agradecido y ser feliz porque tengo un trabajo fijo» o «si quiero ser madre, debo renunciar a mi carrera profesional». Pero la cosa no termina aquí. Cuando el efecto de la languidez se combina con la falsa creencia de que todo está escrito, empieza a anidar en nosotros la más profunda desilusión. Y si además invitamos a la fiesta al monstruo de la monotonía sistémica que nos obnubila con sus espirales de negatividad y frustración, que además nos ahoga y anestesia, entonces la parálisis es total. Felicidades. Estás oficialmente bloqueado. Eres miembro de honor del club de los resignados. Aunque apareciera frente a ti una señal refulgente, no la advertirías ni te darías por aludido. Lo más importante, si de verdad ansías un cambio, es que interiorices estas dos premisas básicas lo antes posible: tu actitud determina el resultado y tu pasado no determina tu futuro.

Tu actitud determina el resultado

«La vida nunca se vuelve insoportable por las circunstancias, sino por la falta de significado y propósito.» Estas palabras me resonaron la primera vez que las leí y he acudido a ellas en numerosas ocasiones. Las escribió Viktor Frankl, autor de *El hombre en busca de sentido*, un libro que marcó un antes y un después en mí, y que todavía hoy, relectura tras relectura, sigue sorprendiéndome. Viktor Frankl fue un neurólogo, psiquiatra y filósofo austríaco de ascendencia judía, superviviente del Holocausto. En *El hombre en busca de sentido* en particular y en su obra en general reflexiona sobre cómo es posible que en escenarios tan terribles como fueron los campos de concentración alemanes en plena Segunda Guerra Mundial habitaran el optimismo, la esperanza o la alegría:

> Los que estuvimos en campos de concentración recordamos a los hombres que iban de barracón en barracón consolando a los demás, dándoles el último trozo de pan que les quedaba. Puede que fueran pocos en número pero ofrecían pruebas suficientes de que al hombre se le puede arrebatar todo salvo una cosa: la última de las libertades humanas, la elección de la actitud personal ante un conjunto de circunstancias para decidir su propio camino.

Tanto a lo largo de este libro como en toda su obra académica, Frankl habla de la importancia de cultivar los valores o cualidades personales, especialmente aquellas que tienen que ver con nuestra actitud frente a los condicionantes que no podemos cambiar, porque nuestro mayor poder como seres humanos reside en gozar de auténtica libertad de pensamiento, que es prácticamente imposible de arrebatar, salvo en casos de manipulación mental o enfermedad cognitiva. Esto quiere decir que tenemos la maravillosa capacidad, entre todo estímulo y respuesta y más allá de toda circunstancia, de elegir la actitud con la que afrontamos nuestra existencia, la realidad que nos rodea, nuestro día a día; y es en ese mirar, en ese sentir, en ese pensar distinto donde es posible el crecimiento, la transformación, el cambio y la manifestación de nuestro yo esencial. Todos y cada uno de nosotros tenemos la aptitud de tomar el control de nuestra mente o la forma de aprender a hacerlo, todos podemos potenciar nuestra mentalidad de crecimiento, aquella que te permitirá tener una vida plena a pesar de las circunstancias. Tú también interpretas y das significado a la realidad, tú también tienes una voz propia y competente.

Elegir vivir está en nuestras manos. Sin embargo, y aunque parezca una perogrullada, para vivir tenemos que ansiar vivir. «La esperanza, he llegado a creer, es tan vital para nuestras vidas como el oxígeno que respiramos.» Estas son palabras de Jerome Groopman, reconocido médico estadounidense y autor de *La anatomía de la esperanza*, obra en la que investiga cómo la esperanza afecta a los seres humanos que están recibiendo atención médica o tienen un familiar gravemente enfermo. La tesis del estudio indaga la posibilidad de que la esperanza tenga una base biológica y que científicamente pueda determinarse que es capaz de alterar el bienestar físico de las personas. Sus conclusiones son claras: la afectividad tiene un gran poder e influencia en el proceso curativo. «La creencia y la expectativa —los elementos claves de la esperanza— pueden bloquear el dolor al liberar las endorfinas y encefalinas del cerebro, imitando así los efectos de la morfina», cita Groopman en su libro, cuya teoría sobre el poder de la mentalidad en la neuroquímica cerebral ha sido confirmada por otros estudios neurocientíficos más recientes.[2] La esperanza favorece el bienestar psicológico, reduciendo el impacto del estrés y protegiéndonos de la ansiedad, incluso del miedo. De algún modo, la esperanza alienta el sentido de la supervivencia.

En esta línea, estoy convencido de que la esperanza es un *driver* esencial para cambiar cualquier paradigma de nuestra vida, un catalizador necesario para toda transformación. Lo que en marketing se conoce como *drivers* —aquellos factores que intervienen en una decisión de compra o consumo— son el equivalente, en nuestra vida, a las palancas de la renovación. Aunque intangible, la esperanza es una creencia posibilitadora que nos llena de optimismo. En equilibrio con nuestras expectativas, puede convertirse en la llave que nos abra la puerta para hallar nuestro propósito de vida y que nos podamos poner a trabajar en él y para él. La actitud determina el resultado, tenlo presente. No es cuestión de censurar tus pensamientos pesimistas o arrinconar tus emociones negativas, sino de convertirlos en aliados en lugar de en enemigos. Como canta Leonard Cohen en *Anthem*, «Hay una grieta en todo, así es como entra la luz».

Tu pasado no determina tu futuro

Tu pasado no determina tu futuro. Repítetelo cuantas veces sea necesario. En la profesionalización de la gestión de tu vida, el pasado será el test de mercado para tu Yo S.L. Un test o análisis de mercado es un método para probar la viabilidad de un producto o un servicio antes de lanzarlo. El estudio retrospectivo de tu vida no tiene que transformarse en una condena o en un condicionante para tu futuro; es, más bien, una enseñanza, el *expertise* del que todo profesional debe hacer gala en su currículo. ¿Acaso no haces uso de tu *know how* en tu trabajo? Tu experiencia, sea cual sea, es enriquecedora, no un lastre inmovilizador. Recuérdalo: tendemos a olvidar nuestros logros y revivir nuestros fracasos en exceso.

Para advertir sobre el peligro de la resignación a las personas a las que asesoro, suelo usar el siguiente ejemplo, extraído del cuento de *El elefante encadenado*,[3] del conocido escritor y psicoterapeuta Jorge Bucay:

> Después de que el elefante intentara un día tras otro liberarse de aquella cadena sin conseguirlo, continuó el anciano, llegó un momento terrible en su historia: el día que se resignó a su destino. Finalmente, el sabio miró al niño a los ojos y concluyó: «Ese enorme y poderoso elefante que tienes delante de ti no escapa porque cree que no puede. Todavía tiene grabada en su memoria la impotencia que sintió después de nacer. Y lo peor de todo es que no ha vuelto a cuestionar ese recuerdo. Jamás ha vuelto a poner a prueba su fuerza. Está tan resignado y se siente tan impotente que ya ni se lo plantea».

Nuestro pasado no debería ser esa pesada mochila que a veces sientes sobre los hombros, sino una oportunidad para crear un futuro distinto. Pero para ello debes elegir vivir. Si lo haces, quien escribirá tu porvenir eres tú. Aprende de tus errores, pero jamás caigas en la inacción por miedo a repetirlos. No permitas que tu pasado te ciegue y te impida ver las oportunidades que se te presentan en la vida. No te resignes, sigue avanzando aunque tus derrotas pasadas hayan sido grandes. Tenemos que asumir que somos vulnerables, que fracasaremos (más de una vez), que a veces somos contradictorios e incoherentes, vagos o miedosos, pero que tenemos la capacidad de cambiar, de evolucionar y de transformarnos.

Como dice Antonio Machado, «Caminante, no hay camino, se hace camino al andar». Parece una obviedad, pero no siempre hacemos caso al sentido común. En ocasiones, sin atender a la razón, nuestro cerebro nos lleva a engaños paralizantes. No debemos olvidar, entonces, que a pesar de eso las oportunidades están ahí y es nuestra responsabilidad para con nosotros mismos atenderlas: hay momentos claves en nuestra vida, los miremos o no. A veces no vemos las oportunidades que tenemos delante porque esperamos que nos lleguen envueltas y con un brillante lazo rojo o simplemente porque no estamos preparados para verlas. En el primer caso, deberíamos dejar de creer en hadas madrinas: nada se resuelve de forma misteriosa, el cambio hay que trabajarlo; en el segundo, quizá ha llegado el momento de revisarnos la vista.

No hay un único tren que tomar, hay decenas, centenares. Lo que hace falta es estar listos en la estación para emprender el viaje.

El hallazgo del trabajo de final de máster ha sido un golpe de energía para Juan. Durante unos días se siente vivo, pero es una sensación que dura bien poco. Había hecho planes. Quería hacer unos números, actualizar la viabilidad del proyecto. Quería compartir con su mujer algunas ideas que le habían surgido. Sin embargo, ha habido varios incendios que apagar en el trabajo y que le han hecho llegar tarde a casa varios días. El estrés ha mermado una vez más su autoestima. Ha empezado a dudar. Además, tampoco era tan buena idea. Ha soñado despierto. Se ha creído que tenía veinte años. A su edad, ¿reinventarse profesionalmente? Él tiene responsabilidades. Los días pasan y, a pesar de que las últimas semanas han sido una locura, una noche, después de cenar, se atreve a contarle a su mujer el proyecto. La conversación le llena de vitalidad y de esperanza. Es una simple idea, pero le emociona la posibilidad de cambio. Ambos hablan de promocionar internamente o buscar otro trabajo. Su pareja confiesa que lo ve triste y desmotivado. ¿Por qué no probar? Esa noche Juan aprovecha su insomnio para tomar notas nuevas sobre el proyecto. Se siente eufórico.

Juan ha dado el primer paso. Al verbalizar sus pensamientos y compartirlos con alguien a quien quiere, su deseo se ha convertido en algo real y concreto. Además, lo ha legitimado ante sí mismo, le ha dado importancia y valor. Por fin ha aparcado la languidez y la resignación, y ha empezado a prestar atención, a prestarse atención. En cuanto lo ha hecho, ha asumido una nueva actitud, una nueva mirada y perspectiva. Juan se ha puesto a trabajar por y para sí mismo, llenando el vacío con la simple posibilidad de un nuevo comienzo. Y pensar que todo empezó con un armario desordenado una noche de insomnio...

Tómate unos minutos solo para ti. Respira hondo, relájate. Ahora, con total y absoluta sinceridad y tomándote todo el tiempo que necesites, realiza el siguiente ejercicio para identificar lo que suma y lo que resta en tu vida. Puedes usar tu cuaderno de pensar.

Dibuja una línea que vaya de 0 a 10 según cómo de satisfecho te sientas en las diferentes dimensiones de tu vida.

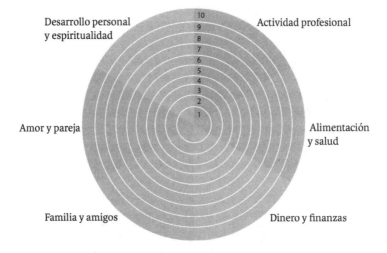

«La rueda de la vida» es una técnica creada por Paul J. Meyer, fundador del Success Motivation Institute. Meyer se inspiró en la rueda de la vida de la religión budista tibetana.

Analiza el grado de satisfacción en cada área y pregúntate por los motivos que te impiden que una puntuación baja sea mayor, así como cuál es tu actitud respecto a estas dimensiones y valoraciones. Por ejemplo, ¿por qué no me siento a gusto con mi salud? ¿Hago poco ejercicio? ¿Por qué siempre me da pereza hacer cualquier tipo de actividad física? ¿Qué puedo hacer para cambiar esta situación?

Esta actividad te ayudará a identificar de forma fácil y visual dónde están los bloqueos que te impiden avanzar en tu crecimiento personal y verás cuáles son los puntos fuertes y débiles de tu vida. Anota tus reflexiones en el cuaderno y reflexiona sobre cuál puede ser tu plan de acción.

2

Sigue tu propio liderazgo

Tengo una buena y una mala noticia. ¿Cuál prefieres primero? Quitemos cuanto antes la tirita: nada es seguro o absoluto. Todo puede cambiar de la noche a la mañana. ¿Cuántas veces hemos oído estas expresiones o las hemos dicho nosotros mismos? Conocemos o hemos sido protagonistas de escenarios parecidos: una reestructuración interna o una fusión de departamentos debido a una crisis económica nos ha llevado al desempleo; un cambio legislativo, un fenómeno meteorológico o una guerra a miles de kilómetros de nuestro país han terminado de dar el golpe de gracia a nuestro negocio y nos obligan a bajar la persiana para siempre. A veces se trata de acontecimientos colectivos, aunque la mayoría de los casos tienen un cariz personal. Una enfermedad, propia o de un ser querido, una ruptura sentimental, la rescisión de un contrato de alquiler que nos lleva a cambiar de domicilio, de barrio o incluso de ciudad, todo tipo de eventos inesperados e incontrolables, incluso la suerte, pueden poner nuestra existencia patas arriba. No importa cuáles sean los motivos que nos llevan a una encrucijada vital, todos tienen algo en común: son incontrolables. Evidencian que nosotros no somos los únicos personajes del teatro de nuestra vida.

Lo único seguro y razonable pasa por tomar las riendas de lo que sí podemos controlar: actitud vital, nuestros pensamientos, sentimientos o reacciones emocionales. Hay que centrar todos los recursos de nuestra empresa vital en nuestro producto estrella: nosotros mismos. La progresiva profesionalización de la gestión de ti mismo suena como la mejor estrategia a largo plazo. ¿Por qué?

Pon el foco en ti

El gurú del *management* Stephen Covey acuñó en su superventas *Los 7 hábitos de la gente altamente efectiva* el principio 90/10, según el cual tan solo el diez por ciento de las cosas que nos pasan en el día a día dependen de nosotros mismos, y el noventa por ciento escapan a nuestro control. «No soy producto de mis circunstancias, sino de mis decisiones», afirmaba Covey. Es decir, la clave de nuestro bienestar mental está en prestar atención a todo aquello que podemos modificar y olvidarnos del resto. No podemos controlar las críticas y el juicio de los demás, pero sí cómo reaccionamos ante ellas. No podemos controlar sus reacciones ante nuestras demandas, pero sí las expectativas que depositamos en ellas. «El éxito no es la base de la felicidad, la felicidad es la base del éxito» es una de las famosas máximas de Covey, que en numerosas ocasiones se declaró discípulo de la filosofía de Viktor Frankl. Es la actitud la que determina el resultado, como ya hemos visto.

Sin embargo, aunque somos conscientes de los beneficios de mantener una actitud positiva ante la realidad, por muy incierta y azarosa que sea, nos cuesta mucho cortar con la dependencia exterior. Por distintos motivos, apenas dedicamos tiempo a poner el foco en nosotros mismos. Dispersamos nuestra atención en multitud de frentes externos: el cuidado de nuestra (necesaria) supervivencia alimenticia, las relaciones y la opinión que nos dispensan nuestros círculos sociales, tanto de carne y hueso como digitales, etcétera.

¿Cuánto tiempo te dedicas? Revisa tu agenda. Repasa las anotaciones del último mes: ¿cuántas horas —¡minutos!— te has concedido para estar contigo mismo? ¿Cuántas actividades o tareas tenían como centro a otras personas u otras prioridades? Es verdad que la vida cotidiana actual nos lleva en volandas y que hay etapas vitales, como cuando tenemos niños o personas mayores a nuestro cargo, en las que nuestras necesidades quedan relegadas a esos breves instantes antes de quedarnos dormidos, agotados después de un largo día. Sin embargo, tu bienestar físico y mental depende de encontrar un equilibrio entre lo exterior y tu interior. La propuesta de convertir el cuaderno de pensar en un apéndice de ti mismo no es en absoluto trivial. Puede convertirse en tu mejor aliado para entrenar la introspección. Es posible que haya días en los que no tengas gran cosa que decirte, que pienses que todo esto es una tontería, pero el hábito de dedicar varios minutos al día a ti, y solo a ti, te abrirá un nuevo mundo de posibilidades. El pensamiento focalizado en uno mismo es revelador. Algunos utilizan técnicas de *mindfulness* o atención plena; para otros, el vehículo es una oración o un mantra; algunos prefieren la meditación, incluso cocinar, pintar mandalas o salir a correr. En definitiva, se trata de experiencias, sean trascendentales o mecánicas, que nos centran, nos ayudan a enraizarnos en el presente, dejando de lado el ruido. ¿Cómo prestar auténtica atención cuando estamos rodeados de estímulos? He practicado la meditación durante años por períodos cortos, lo que me ha permitido aceptar sin notas al pie la narración de mi vida. Es en el silencio cuando he logrado conectar conmigo mismo de verdad. Te invito a que elijas la experiencia que más se adecue a tu personalidad y estilo de vida, pero es imperativo que te tomes tiempo para estar solo y dejar que tu mente vague, que tus pensamientos, sentimientos y emociones emerjan y te interpelen, que te hablen sobre ti mismo.

La neurociencia contemplativa, disciplina que estudia el efecto de la atención plena en la funcionalidad del cerebro, avala tales ejercicios introspectivos como una importante vía para el autoconocimiento, pero también como ruta terapéutica para modificar paradigmas y entrenar comportamientos. Uno de sus principales valedores, entre muchos otros, es Richard J. Davidson, experto en neuropsicología afectiva de la Universidad de Wisconsin-Madison, quien ha realizado distintas investigaciones que estudian los efectos de la vida contemplativa en nuestra mente. Para este reconocido psicólogo y psiquiatra, tales rutinas activan mecanismos cerebrales que predisponen a las personas que las practican a un nivel de conciencia más elevado que la media, así como reducen su reacción a la ansiedad y al estrés, y promueven actitudes más empáticas y compasivas. Así lo afirma Davidson: «La revolución en el campo de la neuroplasticidad ha demostrado que el cerebro cambia como resultado de dos contribuciones diferentes. Cambia como resultado de las experiencias que vivimos en el mundo, esto es, el modo en que nos movemos y comportamos, [...]. Pero el cerebro también puede cambiar como respuesta a la pura actividad mental, que va desde la meditación hasta la terapia cognitivo-conductual, con el resultado de que la actividad en circuitos específicos puede aumentar o disminuir».

El foco en uno mismo es el camino hacia el cambio. Es el primer paso hacia nuestra transformación. Prestarnos atención real nos invita a detenernos y a reflexionar frente a los acontecimientos, a tomar decisiones conscientes (no necesariamente mejores, pero sí más auténticas y reflexivas), a aceptar la realidad y sus circunstancias, a no resistirse ante lo inevitable o desconocido, a permitirse ser uno mismo sin juicio alguno. Ganar tiempo entre el impulso y la reacción nos da el espacio para elegir. Dejamos atrás las respuestas automáticas o condicionadas por elementos externos y ajenos y ampliamos nuestra capacidad de decisión.

Entiende tu mente: el Departamento Financiero

El paso previo para viajar hacia el interior de uno mismo es conocer cómo funciona nuestra mente. En primer lugar, es importante tener claro que el objetivo principal de nuestro cerebro es la supervivencia: mantenernos vivos. Siguiendo con el símil corporativo, en la profesionalización de la gestión de nosotros mismos, el cerebro es el Departamento Financiero de nuestra empresa vital. Como asegura Lisa Feldman Barrett, cada acción que el cerebro realiza (o que deja de realizar) es una decisión económica: «Nuestro cerebro intenta conjeturar cuándo debe gastar recursos y cuándo debe ahorrarlos». De algún modo, nuestra mente es la directora financiera de nuestro cuerpo, la *controller* que se echa las manos a la cabeza cuando te apuntas a un maratón con cincuenta años y te grita: «¿Estás loco o qué? ¡Te vas a lesionar! ¿Qué necesidad tienes?». No le hables de superación personal o de sana competitividad, tampoco de autorrealización o satisfacción. Nuestro cerebro tiene una misión clara e inequívoca: asegurar nuestra supervivencia a corto plazo. Arriesgar no está en sus planes, ni tan siquiera en favor de tu felicidad.

Lidiar con la dirección del Departamento Financiero, con su machacona vocecita, es una realidad cotidiana que todos enfrentamos. No es fácil batallar con el costado perezoso, miedoso o ansioso de nuestro yo. Intuyes, por dar un ejemplo, que aceptar ese proyecto nuevo en el trabajo podrá reportarte importantes beneficios, tanto a ti como a tu empresa, pero como nunca has realizado una tarea parecida te excusas con irrefutables argumentos. Te dices que el riesgo de fracasar es alto y dejas pasar la oportunidad. Quizá eres consciente de que acudir a esa fiesta te ayudará a socializar nuevamente, y que buena falta te hace, después de tantos meses de restricciones sociales durante la pandemia. Pero decides quedarte en casa. Te dices a ti mismo que todavía hay peligro de exposición, que en casa estás de maravilla y que, además, nunca congenias con nadie y acabas bebiendo y mirando el móvil en un rincón. Nuestra mente es implacable. Gran estratega, recurrirá a nuestra vulnerabilidad y a nuestro historial de fracasos para protegernos de posibles amenazas, sean reales o no, hayan sido o no racionalizadas y valoradas por la autoridad pertinente, es decir, tú. En el siguiente capítulo hablaremos de los miedos, las falsas creencias, las dicotomías y de tu saboteador interno.

En ocasiones, ante un liderazgo blando o inexistente, el Departamento Contable de nuestra Yo S.L. toma decisiones por su cuenta, pues haya o no dirección del departamento a cargo, la empresa tiene que salir adelante sea como sea. Mi experiencia profesional me ha enseñado que la mejor manera de remar todos en la misma dirección y al compás es bajo el mando de un único capitán. Solo ejerciendo tu propio liderazgo, poniendo al frente a tu CEO interior, serás capaz de transformar tu vida. No lo olvides: tú eres el jefe.

En relación con esta necesaria toma de control, me gustaría volver a Feldman Barrett para ahondar en por qué es tan importante ser conscientes de nuestro propio poder, de nuestra capacidad de liderazgo. Con más de veinticinco años de estudio sobre el funcionamiento del cerebro, esta científica canadiense llega a la conclusión de que nosotros somos los «arquitectos de nuestras experiencias», como expone en una de las charlas TED más destacadas del 2018. Somos plenamente responsables de nuestra vida. Según Barrett, las emociones no «suceden», las creamos, es decir, somos nosotros quienes construimos conjeturas y predicciones, y reaccionamos a partir de ellas. Esto dinamita la idea de que las pulsiones arcanas e instintivas, nuestro cerebro primitivo o reptiliano, como se suele llamar, controlan y dominan nuestros comportamientos. Estas afirmaciones pueden hacerte dudar. Puedes preguntarte: ¿soy, acaso, el responsable de que me hayan despedido?, ¿o de haberme enfermado?, ¿o de que haya ocurrido una tragedia? En absoluto. Ser responsable de uno mismo no es *ser causa de* o *tener la culpa de*. Hay muchísimas otras variables que escapan a nuestro control, como veíamos al inicio de este capítulo. Lo que todo esto quiere decir es que nosotros somos los únicos que podemos cambiar la realidad y crear nuevas emociones a partir de las experiencias pasadas. Somos capaces de reprogramar nuestras reacciones y futuras acciones a partir de estas. Estamos capacitados para cambiar.

Resumiendo, y sobre la base de las ideas de Davidson y Feldman Barrett, todos tenemos la capacidad de modificar paradigmas mentales con la focalización y la disciplina necesaria. Esta es una interesante y prometedora conclusión. Si somos responsables de nuestros pensamientos y de nuestras emociones, si las podemos modelar a través de nuestras acciones, significa que somos capaces de cambiar nuestras vidas en la dirección que nosotros deseemos. Hay esperanza. Esto no quiere decir que tengamos una varita mágica para hacer desaparecer nuestro pánico al fracaso o nuestra ansiedad anticipatoria, enemigos mentales que nos impiden avanzar y crecer. Significa que disponemos de las herramientas necesarias para convivir con ellos. Podemos hacer frente a los mensajes negativos, tanto los que proceden del exterior como los que creamos nosotros mismos, en ocasiones solo para reafirmar los anteriores.

Persigue la virtud: el Departamento de Calidad

Hagamos un viaje al pasado y recordemos algunas ideas clave de una corriente filosófica con más de dos mil años de antigüedad, pero totalmente vigente hoy en día: el estoicismo. Fue una escuela surgida entre los siglos III y I a. C. en la Antigua Grecia. Su máximo representante fue Zenón de Citio, aunque más célebres fueron sus divulgadores de la época romana, Séneca y Marco Aurelio.

Para los estoicos, la templanza, la voluntad de dominar nuestro mundo interior, es la puerta de entrada a la plenitud existencial. En la línea de lo que venimos tratando, lo único que realmente controlamos es nuestro juicio: cómo interpretamos la realidad y cómo reaccionamos e interactuamos con ella. La clave de nuestra felicidad reside en relativizar lo exterior y priorizar lo interior. ¡Hace más de dos milenios los expertos ya recomendaban el pensamiento focalizado! Y sin embargo hay que admitir que no es tarea sencilla. No solo por la vorágine en la que nos sumerge la sociedad en la que vivimos, sino porque nos hemos vuelto adictos a la mirada del otro, a la palmadita física u *online*, al reconocimiento exterior. Esta es una dependencia que nos condena a la vacuidad y a la tristeza.

Mi propuesta es simple: deja de querer agradar a todos en todo momento. Es imposible y además, al hacerlo, estás dejándote de lado, desviándote de tu objetivo, de tu camino hacia el cambio. No se trata de alimentar tu ego ni de que practiques el egoísmo en tus relaciones; más bien tiene que ver con perseguir la virtud. Entendida como carácter, esta funcionaría como el Departamento de Calidad de tu empresa vital, el encargado de asegurar que tus acciones y reacciones son correctas y moderadas. No tiene que ver con establecer qué está bien y qué está mal, sino de que conectes con tus propios valores y que evites la sobreactuación. ¿Para qué pasar el fin de semana enfadado por un desaire de un compañero de trabajo? Puede que simplemente tuviera un mal día. Lleva semanas muy abatido. Quizá el lunes te lo llevas a tomar un café y le preguntas cómo está. ¿De qué sirve enfadarse con tu hija pequeña porque haya derramado el zumo? ¡Tiene cinco años! Sigue con tu día, no entres en cólera por una nimiedad. Nunca está de más trabajar un poco la empatía o la compasión.

Los estoicos consideraban que uno siempre debe hacer lo correcto, incluso cuando nadie mira, algo a lo que me adhiero. Suelo compartir en mis charlas la historia del padre de Steve Jobs, que era carpintero e inculcó a su hijo el amor por los acabados perfectos. Sin duda, su hijo interiorizó esa lección pues el cuidado meticuloso que dedicaba el fundador de Apple al diseño interior y exterior de sus productos es conocido por todos. Hay que trabajar nuestro foco interior desde la virtud. A mis hijos siempre les aconsejo que no se preocupen por aquello que en lo que no puedan influir, pero les aliento a poner todo su ahínco y energía en todo lo que sí pueden. Suelo recurrir a la historia del arquero, de

Cicerón, porque es una metáfora que ilustra cómo es la intención y no el resultado lo que determina una acción. Un buen arquero, para Cicerón, es aquel que hace todo lo posible para lograr dar en el blanco haciendo uso de su técnica y de su experiencia. Que consiga alcanzar su objetivo es un aspecto secundario. ¿Acaso puede controlar la velocidad del viento o que en ese momento algo se interponga en la trayectoria de la flecha? Podrá aprender habilidades que le permitan prever y evitar desviaciones de su lanzamiento, es decir, tener la perspectiva necesaria para entender que somos parte de un todo, que más allá de toda introspección estamos influidos por lo que nos rodea, pero poco más. Es necesario aceptar que nada es seguro. Poner el foco en nosotros mismos no significa hacer desaparecer lo exterior, u olvidarlo, sino aprender a priorizar y entender cuándo es importante prestar atención a una u otra parte. Ponerlas a colaborar para que todo fluya en armonía es la decisión más sabia que podemos tomar y beneficiar así a nuestra empresa vital en nuestro camino hacia una vida plena y consciente.

Acepta tus propias contradicciones

En todos los proyectos en los que he trabajado, llegados a cierto punto, hemos realizado un análisis FODA o DAFO, una técnica que tiene como objetivo identificar las fortalezas, las oportunidades, las debilidades y las amenazas de cualquier elemento o proceso. En este caso, me gustaría hacer hincapié en dos posibles amenazas que pueden surgirte en este viaje introspectivo y a las que debes atender si quieres lograr ese balance positivo en tu empresa vital. La primera tiene que ver con malinterpretar nuestras propias necesidades y carencias; la segunda, con las expectativas. A continuación veremos cómo identificar nuestras necesidades para situarlas en nuestro «mapa del cambio» y cómo armonizarlas con nuestras expectativas.

Escucha tus necesidades.

Abraham Maslow fue un psiquiatra estadounidense que en 1943 publicó *Teoría de la motivación humana*, en la que presentó su famosa pirámide en donde representaba las necesidades humanas de modo jerárquico: desde las más básicas, que responden a pulsiones biológicas ligadas a la pura supervivencia, hasta las más espirituales, como la realización personal o el deseo de trascender.

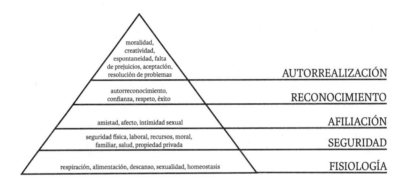

La pirámide de Maslow.

Su aportación científica ha tenido una enorme influencia tanto en la psicología como en el marketing. Aunque la teoría de Maslow sigue vigente y está totalmente aceptada, tiene sus detractores,[4] que la critican por rígida. Tal y como hemos visto a propósito de Viktor Frankl, el ser humano puede encontrar el sentido de la vida en los peores escenarios y circunstancias. Según sus críticos, uno podría ascender en la pirámide de Maslow sin tener que superar cada uno de los niveles. Tengan mayor o menor movilidad, los estados de Maslow siguen siendo un buen indicador para entender por qué en ocasiones no logramos el cambio deseado o no logramos avanzar.

Helena ha estado muchos años en un trabajo en el que la menosprecian. Apenas reconocen su labor. Sabe desde hace tiempo que necesita un cambio, pero está completamente bloqueada. No logra salir de las arenas movedizas de su vida. No lo entiende. Goza de un buen estado de salud, es razonablemente feliz y tiene el privilegio de poder permitirse el cambio, pues una herencia le ha regalado un colchón económico más que decente para arriesgarse a dar el salto. Sin embargo, no sabe hacia dónde tirar. Su mente está en blanco. Aunque se hace preguntas, solo conecta con el deseo de cambio. Su familia y amigos le preguntan: «¿Qué quieres hacer con el resto de tu vida? Elige». Pero ella se siente abrumada, incapaz de elegir. ¿Tiene miedo? ¿Es que no tiene ningún propósito en la vida? Su angustia es tan grande que ha empezado a sentirse mal y culpable por no saberlo.

Helena cree que no se merece el cambio. Tiene una crisis de autoestima. Únicamente logrará satisfacer el siguiente estadio de su bienestar emocional, la autorrealización, trabajando su autoestima. Solo cuando haya alimentado su amor propio y prestado verdadera atención a su voz interior, solo cuando la haya acogido y dado la importancia y el valor que tiene, solo entonces le dará permiso a su voluntad para avanzar hacia ese cambio que desea. Conocer y reconocer nuestras necesidades y carencias a través de la focalización en nosotros mismos nos permite arrojar luz a las sombras de nuestros miedos, que son los grandes bloqueadores del cambio. Reflexionaremos sobre ello en el próximo capítulo.

Cuidado con las expectativas

Imagina que has llegado al final de tu vida. Tienes ochenta años y la oportunidad de conversar durante unos minutos con tus distintos yoes del pasado y preguntarles en qué momento se sintieron más satisfechos consigo mismos y con el mundo que los rodeaba: ¿crees que tu yo-niño coincidiría con tu yo-joven o con tu yo-anciano? Seguramente no.

Son numerosos los estudios que relacionan el grado de satisfacción personal con nuestro momento vital. ¿Sabías que es mucho más probable que obtengas un éxito laboral a finales de los treinta años que a principios de los cincuenta? *A priori* creerías lo contrario, pero un profundo análisis[5] llevado a cabo por la universidad estadounidense de Northwestern demostró que los principales inventores o científicos o ganadores del Premio Nobel del último siglo realizaron su mayor aportación antes de cumplir los cuarenta años. Según el estudio, la probabilidad de producir una innovación importante a los setenta es aproximadamente igual a la que hay a los veinte: alrededor de cero. Investigaciones posteriores matizan esta cifra y sitúan esta división en la productividad humana entre los últimos treinta y principios de los cincuenta, dependiendo del ámbito laboral. Como siempre, las excepciones vienen para abofetearnos en la cara sonoramente. Sea como fuere, lo que resulta evidente es que nuestra felicidad fluctúa a lo largo de la vida. Pero ¿por qué?

Hay miles de teorías científicas, avaladas por universidades e institutos o fundaciones de todo el mundo, sobre el secreto de la felicidad. Es un tema que nos obsesiona. Hay hipótesis para todos los gustos. En lo personal me siento identificado con la postura del economista estadounidense Arthur C. Brooks, al que podéis escuchar en el podcast *How to Build a Happy Life*. Para este divulgador, la clave para gozar de un bienestar sólido y duradero es, por un lado, mantener bajo control las expectativas y, por otro, perseguir un propósito de vida acorde con el momento vital en el que nos encontremos. Es decir, creer que a los veinte años voy a gozar de una gran reputación en un ámbito laboral al que me acabo de incorporar o que a los setenta voy a seguir estando en la cresta de la ola de mi profesión puede llevarme a vivir encadenado a la frustración. En ese sentido, Brooks afirma, a partir del análisis de distintos parámetros, que nuestro grado de satisfacción a lo largo de la vida se dibuja en forma de letra U: nuestra felicidad es una curva descendente: se precipita hacia los veinte años, toca fondo hacia los cuarenta y cinco años y vuelve a ascender en la vejez.

Para Brooks, tanto la caída al abismo de la infelicidad como la escalada hacia la felicidad tienen que ver con las «malditas» expectativas. Cuando somos jóvenes, aspiramos a comernos el mundo, creemos que todo lo conseguiremos con relativa facilidad y rapidez. Con el tiempo empezamos a cuestionarnos los caminos elegidos, la vida que hemos construido hasta ese momento. Puede que el trabajo no nos llene lo suficiente, ni siquiera esa profesión que habíamos elegido para nosotros en el pasado; puede que nuestra vida afectiva no cumpla los deseos que teníamos o que la terca realidad (hijos, hipoteca, mayores a los que cuidar, horarios imposibles, tareas infinitas, circunstancias trágicas como pérdidas de seres queridos, renuncias, y un largo etcétera) haya truncado nuestros planes una y otra vez. También el escenario contrario es posible: el haber alcanzado lo ansiado, pero demasiado pronto, y vivir en un estado de búsqueda constante. De un modo u otro, las expectativas nos anclan en el pasado o el futuro, pero nunca nos conectan con nuestro presente.

Mi intención ha sido mostrarte cómo tender un puente entre esas dos orillas y sortear el pozo de la infelicidad, los abismos de esta U que Brooks describe. Tu bienestar personal está ligado al control de las expectativas, o más bien, a ganarle la batalla a la frustración, a la lucha sin cuartel entre lo que tienes y lo que quieres. Es habitual creer que la felicidad es algo que sucede, que aparece y desaparece de nuestras vidas sin motivo o causa alguna o, peor todavía, que se esconde tras algún tipo de secreto que tenemos que desvelar. La vida no es una carrera de obstáculos que debemos ir sorteando, no se trata de sumar objetivos. Vivir es una actitud. La felicidad es una cuestión de perspectiva, de ajuste de expectativas, de elecciones. Solo a través de tus propios valores y creencias encontrarás las claves para elaborar el plan de operaciones de tu empresa vital. Necesitarás comprender que nada es seguro y empoderar tu liderazgo interior para poner el foco en ti e identificar tus debilidades y fortalezas, tus oportunidades y amenazas, aquello que te convierte en un producto único. Esta es la única manera de armonizar tus expectativas y tu bienestar. Ahondar en tu propia naturaleza humana te permitirá trabajar el *briefing* del cambio adecuado para el CEO de tu Yo S.L. La pregunta es: ¿estás dispuesto a liderar tu propia vida? ¿Estás listo para abrazar la autorresponsabilidad?

Apaga el móvil, recógete en ti mismo —lejos de todo estímulo exterior— y deja que las ideas fluyan. No las juzgues ni cuestiones. Anota en tu cuaderno de pensar todo aquello que pase por tu mente ante las siguientes preguntas.

En la pirámide de Maslow que figura en la página 58 puedes ver los cinco estratos de necesidades humanas según Abraham Maslow. Estúdiala con detenimiento.

— Observa la pirámide. ¿Dónde estás?
— ¿En qué estrato o estratos te sientes más realizado?
— ¿En cuáles están tus principales carencias? ¿Qué circunstancias condicionan tanto tus virtudes como tus carencias?
— ¿Qué crees que puedes hacer para satisfacer tales carencias?
— ¿Crees que aquello que quieres y lo que tienes está equilibrado? ¿Qué carencias te frustran y qué te satisface de tu vida actual?

Deja reposar lo que has escrito. Vuelve a ello en unos días y analízalo. ¿Qué conclusiones sacas? Anota nuevamente tus ideas y piensa cuál va a ser tu plan de acción.

3

La autorresponsabilidad y el poder del valor

Entre abril y septiembre de 2021, cerca de veinticuatro millones de trabajadores abandonaron de forma voluntaria su trabajo en Estados Unidos; otras fuentes hablan de cincuenta millones en el total del año. Un estudio[6] de la prestigiosa MIT Sloan School of Management publicado en enero de 2022 arroja mucha luz a las razones de este éxodo masivo, ya fuera hacia otras empresas o hacia la inactividad profesional. Los motivos esgrimidos son tan personales como diversos, pero tienen varios puntos en común: la precariedad laboral y el rechazo de una cultura empresarial tóxica, en la que no se valora ni respeta al individuo y en la que el trabajador no encuentra una proyección profesional. Este fenómeno ha sido nombrado como «la Gran Renuncia» y preocupa a empresarios y departamentos de recursos humanos del país anglosajón.

En España, un mercado tradicionalmente menos flexible que el estadounidense, este fenómeno ha tomado un cariz más conservador y se centra en una creciente demanda de reajuste de las condiciones laborales, tanto en lo que se refiere al modelo laboral como a los salarios o a la organización horaria. La que ha sido bautizada por los medios como «la Gran Negociación» sitúa a nuestro mercado en un escenario previo a la renuncia. En ese sentido, un informe[7] europeo realizado a principios de 2022 entre dieciséis países por una importante compañía internacional de recursos humanos concluye que el bienestar general, que contempla desde un buen ambiente de trabajo hasta oportunidades de carrera, se ha vuelto primordial desde el estallido de la pandemia a la hora de valorar el propio puesto de trabajo o la búsqueda y elección de uno nuevo. Recomiendo la lectura del informe[8] realizado anualmente por Microsoft sobre las tendencias mundiales en el trabajo, que ratifican estas ideas: los trabajadores buscan puestos híbridos (remoto/presencial) en los que puedan gozar de autonomía, empleabilidad y flexibilidad.

¿Qué se esconde detrás de este fenómeno? ¿Por qué a los hosteleros les cuesta tanto encontrar camareros o a los bufetes de abogados pasantes? Los factores son múltiples. En mi opinión, podrían resumirse en una palabra fundamental: valor. Los empleados, en un ejercicio de enorme autorresponsabilidad, son conscientes de su propia cotización y piden que sus empleadores los validen de manera consecuente. Hace ya una década que el consultor Daniel H. Pink, autor de *La sorprendente verdad sobre qué nos motiva*, planteaba que el principal pilar de la motivación es el propósito, nuestra capacidad de dar valor a ciertas cosas. Los nacidos a partir de la década de los ochenta no quieren adaptar su vida al trabajo; buscan empleos que estén en línea con sus valores y proyectos vitales, y estos pueden perseguir desde amasar una enorme fortuna hasta fomentar la sostenibilidad medioambiental. En una tasación laboral, hay más elementos a tener en cuenta que el salario o la idea de *hacer carrera*.

En estos últimos años han acudido a mí cada vez más personas profundamente descontentas y desmotivadas con su trabajo. Están agotadas, «quemadas», como se suele decir. No se trata de un fenómeno nuevo pero la pandemia ciertamente ha acelerado y generalizado el cuestionamiento de los parámetros laborales tradicionales y vitales: queremos ser dueños de nuestro tiempo, de nuestra fuerza de trabajo, de nuestro talento. Algo parecido ha sucedido en las relaciones personales. Los libros que nos animan a cortar con aquellas relaciones tóxicas, aquellas en donde somos minusvalorados o directamente devaluados, ocupan la lista de los más vendidos en las librerías desde hace ya tiempo. De un modo u otro, ansiamos situar el valor en el centro de nuestras vidas. Simon Dolan, consultor en *management* y promotor del *coaching* por valores, afirma: «Alcanzar la felicidad relativa y la satisfacción pasa por alinear nuestros valores con nuestros objetivos». Si mis valores orbitan alrededor de un modelo de vida saludable, es difícil que a largo plazo me encuentre a gusto trabajando para una tabacalera. Si mis valores están atravesados por una espiritualidad profunda, es poco probable que sea proclive a tener una relación duradera con alguien sin atisbo de fe o creencia espiritual alguna. ¿Por qué ponemos máxima atención en determinadas cosas, sea la alimentación, la educación de los hijos, nuestra profesión? Porque valoramos su importancia, nos hacemos responsables y elegimos.

Da valor a tus sueños

Anthony Robbins, uno de mis gurús favoritos y uno de los que más influyó en mi propia formación como *coach*, asegura que las verdaderas decisiones actúan como catalizadores para transformar nuestros sueños. A lo que añadiría: las verdaderas decisiones dan valor y empoderan nuestros sueños. Robbins, autor de libros como *Poder sin límites* o *Despertando al gigante interior* y experto en pensamiento positivo y programación neurolingüística (PNL), explica: «Para mí, el poder definitivo consiste en ser capaz de crear los resultados que uno más desea, generando al mismo tiempo valores que interesen a otros. Es la capacidad para cambiar la propia vida, dar forma a las propias percepciones y conseguir que las cosas funcionen a favor y no en contra de uno mismo. El poder verdadero se comparte, no se impone. Es la aptitud para definir las necesidades humanas y para satisfacerlas (tanto las propias como las de las personas que a uno le importan). Es el don de gobernar el propio reino individual (los procesos del propio pensamiento y los actos de la propia conducta) hasta obtener exactamente los resultados que uno desea».

La programación neurolingüística, de la que Robbins es un férreo defensor, busca justamente moldear nuestra mente, nuestro *mindset* y perspectiva vital. Algunos definen la PNL como un estudio de la estructura de la experiencia subjetiva, para otros es el arte y la ciencia de la comunicación. Para mí es una herramienta de aprendizaje útil y poderosa para reprogramar patrones, conductas, creencias o hábitos, en cualquier sentido y dirección, para poner en valor aquello que realmente te importa a ti. Para resumirlo en pocas palabras, esta técnica de *coaching* busca que seamos conscientes del poder de nuestro propio lenguaje, de la fuerza de nuestra propia comunicación: todo lo que nos decimos a nosotros mismos o a los demás actúa sobre nuestras creencias, de forma limitante o posibilitadora, según la dirección —positiva o negativa— que le demos. Lo quieras o no, comunicas en todo momento, y todas estas comunicaciones, entendidas como la capacidad de intercambiar información con nosotros mismos o con el otro, ejercen un efecto sobre ti mismo y sobre los demás. Tienen un efecto poderosísimo. El escritor Henry David Thoreau decía: «No cambian las cosas: cambiamos nosotros».

El pensamiento posibilista: la importancia de las palabras

Todos tenemos creencias adquiridas. Algunas pueden ser limitantes, otras, posibilitadoras. En el cuento de Jorge Bucay sobre el elefante encadenado al que hacíamos referencia en el primer capítulo, veíamos que, a pesar de verse liberado de sus grilletes, el elefante no se creía capaz de escapar. Las creencias limitantes son el armamento con el que nuestro saboteador interno nos bombardea constantemente. Ya hablaremos de él. Pero primero quiero decirte que creer en ti y en tus capacidades abre todo un abanico de posibilidades. Tú eres tu mejor producto y todos deben conocer tu valor. Empezando por ti. La forma en la que te hablas a ti mismo y la forma en la que te comunicas con el otro, son claves para lograr tus objetivos. Si entras en una espiral de pensamientos negativos acerca de ti mismo, tu autoestima sucumbirá a tu discurso. Tratarse bien a uno mismo es indispensable para gozar de una vida satisfactoria. Cambiar el discurso, detener los monólogos interiores vacuos y en bucle que no nos aportan nada más que ansiedad y malestar, cambiar la forma de las preguntas, así como proyectarnos hacia el exterior con la actitud adecuada, es condición *sine qua non* para forjar una vida plena. Volveremos a esto más adelante. Por ahora, sigamos ahondando en la importancia de trabajar el pensamiento posibilista, de soñar a lo grande. Está en nuestro poder derribar todas aquellas representaciones internas y creencias falsas que nos limitan o nos hacen dudar cuando perseguimos nuestros objetivos, y promover aquellas que nos alientan a seguir siempre adelante. Eso sí, tienes que creértelo.

¿Qué harías si mañana te tocara la lotería? ¿Qué anhelas? Esta es una de las preguntas que suelo hacer a las personas a las que asesoro, y la mayoría de las respuestas son parecidas: desde el más sincero «no lo sé» hasta el típico «dejar de trabajar», pasando por lugares comunes como «viajar» o «no hacer nada». ¿Por qué nuestros sueños son pobres? Tienes cuarenta años y dinero suficiente para vivir el resto de tu vida (supongamos otros cuarenta años más), ¿con qué vas a entretener los veintiún millones de minutos que tienes por delante? ¿Te dedicarás a no hacer nada? ¿Acaso hemos perdido nuestra capacidad de soñar, de saber qué queremos, qué nos hace realmente felices, qué nos produce bienestar? La ausencia de ideas es señal de una clara falta de autoconocimiento y por ende, de propósito vital, pero sobre todo refleja la presencia de miedos y el control que tu saboteador interno ejerce sobre ti.

La felicidad es la ausencia de miedos

Los factores que movilizan cualquier decisión son esencialmente dos: los miedos y los sueños. Los primeros, por desgracia, ejercen sobre nosotros un poder mayor. Forman parte de nuestra vida y cumplen con su función: protegernos frente a cualquier amenaza, sea esta real o no. Esto significa que podemos sentir el mismo pánico paralizante cuando vemos un coche venir a toda velocidad hacia nosotros y ante una entrevista de trabajo o ante una primera cita. Sin embargo, es perfectamente posible determinar cuándo hay un peligro real de muerte y cuándo no. Si queremos encaminarnos hacia el bienestar pleno es preciso que aprendamos a manejar nuestros miedos, para poder atender a nuestros sueños. Me gusta decir que la felicidad plena es la ausencia de miedos, si realmente lográramos librarnos de ellos totalmente. De un modo más realista, es mejor aceptar que los miedos convivirán con nosotros durante toda la vida. Es cosa nuestra declararles la guerra o intentar una convivencia armónica. Anthony Robbins suele invitar a sus clientes a repetir esto a modo de mantra durante las sesiones: «Nada tiene ningún poder sobre mí, a no ser el que yo mismo le concedo mediante mis pensamientos conscientes». Entonces, ¿cómo puedo otorgar el peso adecuado a mis miedos, para potenciar el de mis sueños en la balanza de la vida?

> Miriam no ha tenido suerte en el amor, o eso es lo que se dice a sí misma. Todas sus relaciones han terminado en fracaso. Sus parejas, piensa ahora en perspectiva, siempre han tenido un mismo patrón. Miriam está soltera y no quiere saber nada de los hombres. Son todos iguales, comenta. Siempre la han decepcionado y herido, sin excepción. La verdad es que ya no espera nada del amor ni de la vida. Ha aceptado su soledad y se encuentra a gusto en ella. No necesita a nadie para ser feliz, se dice.

Aprender a controlar y a convivir con nuestros miedos es el auténtico motor del cambio. Para ello, es necesario tomar perspectiva, dejar de alimentar el subconsciente con todo tipo de pensamientos irracionales, transformar las creencias limitantes en posibilitadoras. Si quieres superar tus bloqueos, debes aprender a manejar a tu saboteador interno. Lo consigues hablando con él, llegando a una tregua lo más duradera posible. Tu auténtico enemigo es tu saboteador interno, es un vampiro emocional que se nutre de tus miedos para vaciar de vida a tus sueños. Te roba ingentes cantidades de energía, mata tus esperanzas, es destructivo, tóxico, desolador.

— No, no puedo hacerlo, no soy capaz.
— No sé hacerlo, nunca lo he hecho.
— No me lo merezco.
— Soy un fraude, un impostor.
— Soy demasiado joven/mayor/etcétera
— Yo soy así.
— Todo me sale mal.
— Siempre me sucede lo mismo.
— Tengo mala suerte.
— No tengo tiempo.
— Mejor empiezo mañana.
— ¿Para qué intentarlo?

Te suena familiar, ¿verdad? El saboteador interno aparece cuando aquello que piensas, sientes y necesitas entra en conflicto. Menoscaba tus sentimientos y devalúa tus necesidades en la toma de decisiones, dirige una especie de golpe de Estado para imponer su falsa creencia. Ortega y Gasset lo definió de forma extraordinaria: «Las ideas se tienen, en las creencias se está».

Nuestros saboteadores internos —hay de varios tipos y cada uno ejerce su función (controlar, posponer, sobreactuar, victimizar, etc.)—[9] son expertos en montarse películas. Es importante que seamos conscientes de que la mayor parte de nuestro estrés y ansiedad proviene de situaciones que jamás llegarán a darse, pero que nuestro subconsciente crea y amplifica para el deleite de nuestras neurosis, discusiones absurdas y castillos en el aire. Estos se alimentan de nuestros miedos, crean nuestras creencias limitantes. Os sorprendería conocer la cantidad de hombres y mujeres con los que he trabajado que están convencidos de que les van a despedir. Sin ninguna base real ni probada, por supuesto. Todos hemos pasado noches de insomnio creyendo que no había salida, que el mundo se desmoronaba, poseídos por la ansiedad y el estrés. A la mañana siguiente, después de una ducha, un café y algo de raciocinio, seguramente hemos visto que no era para tanto o que existían soluciones. Nuestro saboteador interno busca que olvidemos quiénes somos realmente, quién está al mando, que perdamos de vista que tenemos muchas más capacidades de las que creemos. Da igual que llegues a la cima profesional, que hayas formado la familia que siempre has querido tener, que te amen y que te sientas amado, que goces de buenas amistades, de prosperidad económica; si tu saboteador quiere, puedes creerte (y sentirte) el ser más miserable de la tierra. Es en este momento —cuando sientes que estás siendo víctima de una crisis de reputación, cuando tu saboteador interno intenta dominar el discurso— cuando tendrás que poner a trabajar tu Departamento de Comunicación para, como dicen los gurús de la información, cambiar el ciclo de noticias a tu favor.

Negocia con tu saboteador: el Departamento de Comunicación

El primer paso para aprender a tomar decisiones basándote en tus sueños es identificar y lidiar con tu saboteador, esa vocecita interior que menoscaba tu autoestima y confianza día tras día usando tu propia vulnerabilidad como arma arrojadiza. «¿Quién te crees que eres para querer una vida mejor, amigo?», te lanza con menosprecio cada vez que pasa por tu mente la idea de emprender un cambio. El saboteador critica cada decisión tomada, cada palabra dicha y, al contrario, te reprocha todas aquellas decisiones no tomadas y las palabras no dichas. Es el juez más severo, la ley más estricta, la autoridad más cruel. Es un *troll* en tus redes sociales.

> Los amigos de Miriam dicen de ella que es muy exigente con los hombres. Nadie le parece suficiente. Rechaza invitaciones constantemente o, tras la primera cita, rehúye volver a salir, esgrimiendo motivos irrelevantes, como que no tiene tiempo para una relación estable. Lo cierto es que ella misma les da parte de la razón. Ningún hombre acaba de encajar con lo que busca o desea en una pareja, pero ¿qué se le va a hacer? Serán la suerte o el destino, que no están de su parte.

Miriam elude, cita tras cita, abrirse realmente a conocer a alguien. Toda excusa es en verdad una huida hacia delante. No quiere volver a sufrir. Tiene miedo a decepcionar y ser decepcionada, pavor a un nuevo fracaso, temor a mostrarse vulnerable. Es probable que las carencias afectivas de su niñez o adolescencia sigan marcando la forma en la que se relaciona con el otro; es posible que solo elija parejas tóxicas o que perpetúen sus creencias negativas sobre el amor, que sobrejuzgue a los futuros candidatos para postergar cualquier implicación emocional; quizá Miriam, que cree no merecer una relación sana, sufra falta de autoestima.

Todo hay que decirlo, el saboteador cumple su función. Cuando te susurra al oído «Acéptalo, nunca vas a lograr aquello que te propongas», lo único que quiere es mantener el *statu quo*, preservar. Lo hace de una manera ruin y odiosa, pero con buena intención. Me gusta pensar en ellos como los villanos de los dibujos animados: malos de pacotilla que, en el fondo, tienen buen corazón y lo único que buscan es atención y amor. De este modo, con el saboteador interno no hay que enfrentarse mediante gritos y amenazas —pues en el arte de la guerra ten por seguro que te lleva ventaja—, sino con cuidado, orientándolo hacia dónde tú quieras y desees. Tienes recursos más que suficientes para hacerle frente y tratar con él. Tu Departamento de Comunicación sabe cómo minimizar el daño infligido a tu marca, a tu imagen corporativa. Tienes esa capacidad. Como hemos visto en los anteriores capítulos, la mejor manera de hacerlo es a través de la actitud y de la autorresponsabilidad. Robbins y otros referentes hablan de empoderar a nuestro sabio. Para continuar con mi metáfora empresarial: fortalece a tu CEO interior, sigue su liderazgo.

Para conseguirlo, quiero compartir contigo algunas técnicas que me resultaron valiosas a la hora de trabajar esto y que suelo trabajar con las personas que acuden a mí.

— Toma conciencia del pensamiento que subyace bajo ese «no puedo» o «no sé» y analiza cómo te sientes al respecto. Anota en tu cuaderno de pensar todo aquello que te pase por la cabeza, sin filtro. Poner nombre a nuestras emociones no solo nos ayuda a identificarlas, sino también nos permite hacerles frente, detener los mecanismos que las provocan.

— Una vez que tengas a ese pensamiento frente a ti, obsérvalo con detenimiento y desafíalo. No olvides nunca que tú lo estás creando, que es obra tuya y forma parte de ti. Eres responsable de tus propios pensamientos, no vives sujeto a ellos. Recuerda cómo funcionan las barreras. A veces nos protegen, nos ayudan a sentirnos seguros, pero también son muros que nos impiden ver y ser vistos, coartan nuestra libertad, nos condenan al aislamiento. ¿Acaso no es cuando aparecen estos pensamientos en bucle que nos invade una terrible soledad?

— Finalmente, lidia con ese pensamiento. Cosificarlo puede ayudarte a tenerlo bajo control. Elige un muñeco al que golpear, un cojín que tirar contra la pared o una diana a la que lanzar un dardo, pero elige un elemento material sobre el que tengas el control, al que puedas dominar. Grítale: «Yo tengo el control sobre ti y te domino. Tú no me dominas a mí». Enfrenta esa falsa creencia golpeándola dónde más duele: enumera y racionaliza tus miedos. ¿Qué es lo peor que puede llegar a pasar? Los miedos son zonas oscuras; ilumínalas y verás que son mucho menos aterradoras de lo que pensabas.

Miriam ha acudido a terapia. Analizando sus relaciones anteriores se ha dado cuenta de que todas tienen puntos en común: aunque ella desea un compromiso duradero, siempre elige parejas con las que eso es imposible. Ahora que ahonda en ello se da cuenta de que en el fondo lo que está evitando con estas elecciones es justamente lo que más anhela: el compromiso. ¿De qué tiene miedo?, se pregunta. Comprende que tiene pánico al desamor. Sus padres tuvieron un mal matrimonio y las personas de quienes debería haber recibido amor durante su niñez la decepcionaron profundamente. Su padre puso distancia física y emocional con ella después del divorcio y su madre tardó mucho en recuperarse de la ruptura. Recuerda como de niña su madre le advertía sobre lo que ella denominaba la «maldad masculina». ¿Cómo no acabar creyendo que las relaciones amorosas están condenadas al fracaso? Miriam se decide a observar las parejas que tiene alrededor: familiares y amigos. Muchos de ellos tienen relaciones sanas y equilibradas, de respeto y amor. Observa también a los hombres con los que convive diariamente y descubre que no todos están cortados por el mismo patrón; es más, respeta y quiere a muchos de sus amigos varones. Miriam está racionalizando su creencia sobre la maldad intrínseca del género masculino y sobre la imposibilidad de mantener una relación sana, equilibrada y de respeto mutuo con un hombre. En el momento de hacerlo su mente se abre, su perspectiva cambia, un pensamiento posibilista nace en ella: se puede ser feliz en pareja.

Poco a poco, Miriam ha bajado la guardia y, en poco tiempo, se ha abierto a conocer y a dejarse conocer por el otro. Ha aceptado su vulnerabilidad, convivirá con ella el resto de su vida, pero ya no la condiciona. Miriam ha desbloqueado su vida, negociando con su propio saboteador. Ha hecho las paces consigo misma.

Las preguntas poderosas: aprende a tomar decisiones basándote en tus sueños

La escritora británica Elizabeth Jane Howard escribió en una de sus últimas novelas, *Después de Julius*, en relación a la protagonista, una mujer en perpetuo estado de languidez: «Solo soy infeliz hasta el punto en el que puedo acostumbrarme, con una especie de tolerancia crónica». Tolerancia crónica a la infelicidad. ¡Menudo plan de vida! Estar razonablemente bien o ser razonablemente feliz no es un mal *lifestyle*. Sin embargo, organizar nuestra empresa vital con una mentalidad cortoplacista cuyo objetivo solo sea el beneficio rápido, una inyección de endorfinas, no es rentable. Lo mejor es invertir en nuestra felicidad y desarrollar un plan de operaciones para alcanzar un bienestar sólido y duradero. Su puesta en marcha y consecución traerá tantas alegrías como decepciones. Debes recordar que en este plan de negocio la competencia es interna y no externa. La vara para medir nuestra existencia no deberían ser los otros, sino nosotros mismos. No pienses que «siempre podría ser peor» o que hay gente en una situación más desfavorecida que tú. Tampoco tiene sentido que compares tu vida con la de los demás. Deja de pasar en bucle las historias de Instagram de las (aparentemente) perfectas vacaciones que tu compañero de trabajo ha pasado en la playa mientras tú has estado en el pueblo visitando a la familia. Esa no es forma de vivir. ¿Qué es ser feliz para ti? ¿Qué es tener una vida plena para ti? ¿Qué es para ti el éxito profesional? ¿Cuál es tu propósito de vida? ¿Qué tiene valor para ti? ¿Cuáles son tus valores? ¡Recuerda! El poder del valor. Todas las respuestas a estas preguntas son tus *insights*, información valiosísima y poderosísima, para alcanzar tu destino.

El pensamiento posibilista contra el dicotómico

Suele pasar que en el momento en el que empezamos a hacernos estas preguntas aparece nuevamente nuestro saboteador con armamento a estrenar, listo para dinamitarlo todo. Una de su armas favoritas son las dicotomías: presentar dos opciones entre las que elegir. Aunque uno en la vida toma partido, la realidad tiene muchos planos o prismas, como en un caleidoscopio. De acuerdo a cómo impacte la luz en él o a cómo movamos el objeto, este proyectará unos reflejos u otros.

Carlos es ingeniero de telecomunicaciones y trabaja como consultor informático en una multinacional. Su mujer está embarazada y llevan un tiempo planeando su vida una vez nazca el bebé. Carlos duda sobre si pedir al Departamento de Recursos Humanos una reducción o flexibilización de su jornada. Teme que, si lo hace, pierda responsabilidades o le aparten, pues no es habitual que un hombre se acoja a tal beneficio social. Carlos tiene muy claro que quiere participar activamente de la crianza de su hija, pero pospone la decisión y, tras el parto, desiste de su empeño.

Ante un dilema de este tipo es preciso hacerse preguntas poderosas y precisas, y no ceder ante el desánimo. Carlos debería poner las siguientes cuestiones sobre la mesa: ¿por qué debo elegir entre mi vida profesional y la personal?, ¿por qué no puedo seguir creciendo laboralmente y conciliar ambas facetas?, ¿qué debería hacer para encontrar un equilibrio satisfactorio entre ambos espacios? Carlos tiene distintas opciones ante sí: puede pedir una reducción de jornada o mayor flexibilidad horaria, incluso puede optar por buscar un nuevo empleo o emprender un proyecto propio que esté en línea con sus valores, que fomente la conciliación y apueste por una organización más autónoma y responsable del tiempo de trabajo. Cuando trabajaba en EVO Banco me propuse llegar a casa todos los días a la hora del baño de mis hijas pequeñas, pero eso implicaba marcarme un horario de salida específico, pues por aquel entonces vivía a casi una hora de distancia de la oficina. Para poder alcanzar mi objetivo, organicé todo un sistema de trabajo y delegación en mi equipo que maximizó mi eficiencia laboral. No quería perderme ese momento tan mágico e importante para mis hijas y para mí, y lo logré. Me puse a trabajar para mí y para mi familia.

La vida puede ser todo lo que tú quieras que sea si trabajas para que así sea, si eres capaz de entender que las posibilidades son infinitas. Para ilustrar este modelo dicotómico, he creado la teoría «Kinder sorpresa». Desde el inicio de mi carrera laboral en el sector del gran consumo me he sentido totalmente atraído por el planteamiento de este producto, especialmente por el *insight* que esconde en su interior. El Kinder es un huevo de chocolate en cuyo interior se esconde un pequeño juguete, siempre distinto. Tiene todo lo que un niño puede desear: un dulce, un regalo y una sorpresa. Tendemos a creer que las decisiones son absolutas, excluyentes unas de otras, pero hay soluciones que contienen, a su vez, numerosas opciones en su interior. Sin embargo, nuestras creencias pueden limitar nuestra conexión con la realidad. Mi consejo es ampliar el abanico de oportunidades, atender a la visión de conjunto.

La hija de Carlos ya tiene seis meses. Carlos está feliz, pero se siente incompleto. Llega tarde a casa y apenas pasa tiempo con su pequeña entre semana. Empieza a ver su trabajo, que antes le llenaba, como una carga. Su jornada laboral se alarga sin sentido: no necesita dos horas para comer, lo que quiere es poder bañar a su hija o recogerla de la guardería algún día. Sin embargo, no se atreve a pedir una flexibilización de horario y, aunque no tiene pruebas, piensa que todos los trabajos a los que podría optar requerirían presencialidad total.

La manera de superar el pensamiento dicotómico y abrazar el posibilista está en plantear preguntas poderosas. Las preguntas realmente poderosas son aquellas cuyas respuestas implícitamente plantean soluciones, pues han retado a nuestra mente —a nuestro CEO interior—, a ponerse a trabajar para resolver el problema. Son las que nos empoderan, refuerzan nuestro liderazgo interior, motivan nuestra autorresponsabilidad, nos conectan con nuestro sabio y relegan a un segundo plano a nuestro saboteador. Volviendo al ejemplo que tenemos entre manos: ¿debería Carlos tener que elegir entre un horario que le permita conciliar su vida familiar y su carrera profesional? Tal vez debería formularse otro tipo de preguntas: ¿qué horario necesitaría tener para poder conciliar mi vida personal y la profesional como deseo (dentro de la lógica laboral de mi empresa)? ¿Cómo podría optimizar mi jornada laboral para poder realizar mi trabajo en un horario distinto del convenido? ¿Qué soluciones puedo aportar a los interrogantes que pudieran surgirles a mis superiores o al Departamento de Recursos Humanos ante mi propuesta? Al pensar y presentar estas cuestiones, Carlos está llevando a cabo un plan, está materializando su propósito: quiero reducir mi horario para poder cuidar de mi hija y mi propuesta para hacerlo es esta. Puede que se le niegue tal opción, puede que no. Si es esto último, deberá volver al punto de partida y volver a interpelarse.

Sin ningún lugar a dudas, el tipo de preguntas que te formules va a determinar el resultado. Si haces preguntas poderosas, obtendrás resultados poderosos. No estás roto, no eres inútil. El «no puedo» o «no sé» son circunstanciales, no te definen. Puedes aprender, puedes lograrlo. Dentro de unos parámetros realistas, claro está. Aunque yo quiera batir el récord mundial de velocidad, quizá físicamente no pueda hacerlo, pero sí puedo practicar el atletismo, y con el entrenamiento necesario, puedo participar en competiciones, ganar premios, incluso llegar a dedicarme profesionalmente a ello. No obstante, existe la posibilidad de que, aunque entrene o lo desee, nunca llegue a ganar una medalla de oro en los Juegos Olímpicos. Pero lo importante es retener que cuando alimentas tu mente con las preguntas adecuadas logras los resultados adecuados. Las preguntas poderosas nos llevan, con voluntad y creatividad, hacia nuestras metas. En mi caso, la pregunta que resonó en mí durante muchos años fue: ¿Cómo puedo cambiar de vida? En el momento en el que puse a todos mis departamentos a trabajar en ella, mi plan de operaciones vital comenzó a tomar forma.

Carlos presentó una propuesta para flexibilizar su horario, pero su empresa no confía en el trabajo remoto y la han rechazado. Se ha derrumbado. Sus compañeros, su propia familia y amigos, le instan a buscar un nuevo trabajo, pero él cree que no servirá de nada y acabará arriesgando todo lo que ha logrado hasta el momento. Mejor pájaro en mano que ciento volando. ¿En qué trabajo van a contratarle a su edad y con estas exigencias horarias? Sin embargo, la realidad de su propia empresa le contradice. Varios compañeros suyos han cambiado de trabajo justamente por ese motivo y al Departamento de Recursos Humanos le cuesta encontrar candidatos porque la mayoría piden jornadas laborales híbridas. Carlos, sin embargo, no logra encontrar la solución.

Después de su fracaso, Carlos no encuentra la solución porque está evitando las preguntas poderosas. La cuestión no es preguntarse dónde me contratarán con estas demandas, sino preguntarse qué empresas o puestos relacionados con mi formación, perfil e intereses profesionales ofrecen o tienen jornadas flexibles o modelos híbridos de trabajo. La cuestión no es pensar en cómo van a elegirme a mí antes que a perfiles más jóvenes y formados, sino estudiar de qué actitudes o aptitudes dispongo ahora, o podría disponer con la capacitación necesaria, que me diferencien de un perfil *junior*. El primer tipo de preguntas genera una terrible sensación de indefensión y vacío; el segundo ofrece una respuesta, un camino proactivo lleno de posibilidades.

En resumen, cuando ejercemos la autorresponsabilidad, que nos invita a poner el foco en nosotros mismos, damos el valor necesario a aquello que sentimos y deseamos, y lo equilibramos con aquello que pensamos. Nos escuchamos, nos respetamos, nos tenemos en cuenta, nos hacemos las preguntas pertinentes y poderosas que nos ponen en el camino del cambio, que empoderan nuestros sueños y apaciguan nuestros miedos. El siguiente paso es avanzar hacia la búsqueda de tu propósito de vida, cuyos cimientos colocaremos en el próximo capítulo, cuando definamos y fortalezcamos tus valores, pilares indispensables en la construcción de tu empresa vital.

Te invito a empezar este ejercicio con un pequeño viaje imaginario. Trasládate hasta la sala de embarque de un aeropuerto. Observas al resto de los pasajeros. Pregúntate de dónde vienen o adónde van, cuál es su historia. Un rostro te llama la atención: se trata de un antiguo conocido al que apreciabas y con quien tenías confianza. Hace más de cinco años que no os veis. Vuestras miradas se cruzan. Os reconocéis. Te levantas y vas a su encuentro. Os saludáis efusivamente. Él te pone al día: ha tenido un hijo y ya no vive en la ciudad. Se mudó a la antigua casa familiar pues su madre murió hace un par de años, y ahora vive en una pequeña ciudad rural donde ha montado un negocio junto a su hermano. Lo escuchas atentamente. Ha llegado tu turno. Te pregunta: «Bueno, ¿y qué ha sido de tu vida desde la última vez que nos vimos?».

¿Qué te gustaría responderle? ¿Qué vida querrías describirle? ¿Es la que vives actualmente? ¿Qué te gustaría poder contarle? Recuerda que si no sabemos a dónde vamos es muy difícil que lleguemos a algún lugar. Más allá del tópico de «que me toque la lotería y montar un chiringuito en la playa»: ¿qué visión de ti mismo querrías dar en este encuentro fortuito en el aeropuerto? Sé concreto. Si el dinero y el tiempo no importaran, ¿con qué te gustaría ocupar tu día a día? Bucea en tu interior. No reprimas ni censures ningún pensamiento. Presta atención a tus sentimientos y emociones cuando aparezcan.

Ahora, enumera los motivos por los que, aquí y ahora, no puedes llevar a cabo ese proyecto de vida. ¿Cuáles de ellos son miedos, creencias limitantes o falsas dicotomías?

Piensa en ello cuidadosamente. Identifica a tus saboteadores internos, interpélalos, etiquétalos. Anota todo lo que te pase por la cabeza en el cuaderno de pensar. Tómate tu tiempo y piensa cuál va a ser tu plan de acción

SEGUNDA PARTE

P de Propósito.
Profesionalízate en la gestión de ti mismo

«Los dos días más importantes de tu vida son el día en que naciste y el día en que descubres por qué.»

Mark Twain

4

Define el proyecto de tu empresa vital

Pensar en el futuro puede ser abrumador. El «síndrome de la página en blanco» no es exclusivo de escritores o artistas. La creatividad, entendida como la capacidad de trabajar nuevas ideas o conceptos, no es un grifo que podamos abrir o cerrar a nuestro antojo. Requiere talento, pero también trabajo y disciplina. Seguramente habrás experimentado en algún momento de tu vida el bloqueo mental ante un nuevo reto —tal vez una promoción laboral, tal vez una incipiente y prometedora relación amorosa—, y te habrás preguntado con desesperación: ¿por dónde empiezo? Es posible, también, que de un modo u otro siempre hayas encontrado un hilo del que tirar: una idea, un concepto. Todo proceso creativo toma forma gracias a la dedicación y a la sistematización. Se trata de ordenar el caos. El célebre chef Ferran Adrià, referente de la innovación gastronómica con su restaurante El Bulli, lo enunciaba así: «Si entiendo lo que hago, lo puedo ordenar y, si lo ordeno, puedo crear». De esta manera procederemos en las próximas páginas. Después de ahondar en el autoconocimiento y abrazar la autorresponsabilidad, toca meterse en faena: vamos a proyectar tu futuro, gestionar tu sueño, profesionalizar tu vida. Vamos a ordenar el caos.

Sueña a lo grande, piensa en concreto

Al pensar en concreto, las posibilidades se disparan. Cuando decides comprarte un coche y escoges un color determinado, empiezas a ver coches de ese color por todas partes, como si te persiguieran. ¿De dónde han salido tantos coches amarillos? ¿Siempre habían estado allí? Hemos hablado ya de la importancia del pensamiento focalizado y posibilista: no se trata de suerte o de que se hayan alineado los astros, sino de cómo miramos.

Ahora sabes que, por distintos motivos, hemos interiorizado que, parafraseando a Shakespeare, somos juguetes en manos del destino. Es una actitud cómoda, que nos libra de hacernos responsables de nuestra vida, pues son las circunstancias o los otros los hacedores de nuestros éxitos o fracasos. Acaba de una vez por todas con los «es que». *Es que* el profesor me tiene manía y por eso he suspendido; *es que* fulanito se ha ganado el ascenso porque siempre le está dorando la píldora al jefe; *es que* no tengo suerte en el amor. ¿Habías estudiado lo suficiente? ¿Estabas realmente cualificado para el nuevo puesto? ¿Qué actitud tienes en las relaciones de pareja? La responsabilidad de las decepciones, frustraciones o malas rachas es tuya.

Para cambiar de paradigma, hemos visto que cuidar de nuestra actitud vital es básico, así como potenciar el pensamiento focalizado y posibilista, otorgar poder al valor y abrazar la autorresponsabilidad. Tom Peters, uno de los padres del *management* moderno, conocido como el «gurú de los gurús», lo definía de la siguiente manera a principios de la década de 1990: «Somos directores ejecutivos de nuestras propias empresas. Tu trabajo más importante es ser el jefe de marketing de la marca llamada Tú». Interioriza que trabajas para ti y solamente para ti. Hazte la siguiente pregunta:

¿Qué harías si te tocara mañana la lotería? ¿Qué le pedirías al genio de la lámpara si apareciera ante ti y le pudieras formular tres deseos?

Después de atender a las respuestas fáciles y automáticas que buscan asegurar nuestras necesidades básicas o nuestros deseos más obvios (amortizar la hipoteca, comprarme un coche, dar la vuelta al mundo, dejar mi empleo o buscar uno nuevo que realmente me guste, vivir en otra ciudad, encontrar una pareja, emprender), ¿qué responderías? ¿Qué es lo que realmente quieres? ¿No lo sabes? ¿Te cuesta visualizarlo? ¿Concretar? La solución para el síndrome de la página en blanco es ponerte a ti en el centro. Veamos cómo.

Profesionaliza la gestión de tu vida: Yo S.L.

Pero antes interioriza que trabajas para ti y solamente para ti. Probablemente habrás oído esta frase decenas de veces. Sin embargo, quizá de tanto escucharla has pasado por alto el potencial que contiene esta afirmación. A mí me cambió la vida. En el momento en que me puse a mí mismo en el centro de mi vida, una tremenda y electrizante sensación de libertad me sacudió de arriba abajo. Durante muchos años no trabajé para mí. Era, como ya os he contado, un teórico de mí mismo. Decía a todo el mundo con una sonrisa en los labios que quería cambiar de vida, dedicarme a aquello que realmente me llenaba, pasar más tiempo con los míos, pero no hacía nada para lograr ese objetivo. Inmerso de lleno en la carrera, paradójicamente me alejaba cada día un poco más y más de la meta. El verdadero cambio empezó a suceder solo cuando apliqué auténtica metodología y disciplina, cuando me profesionalicé en la gestión de mí mismo y decidí crear Carlos Oliveira S.L., cuando definí la misión y visión de mi empresa y mis valores corporativos.

El cuaderno de pensar fue mi gran aliado: media hora al día dedicada a pensar en mi futuro, en mis anhelos, en mi plan. ¿Cuál es mi razón de ser? ¿Mi propósito vital? ¿Qué quiero y qué voy a hacer para conseguirlo? Tan sencillo de enunciar, pero tan complicado de llevar a cabo, ¿verdad? He emborronado hojas y hojas, desechado y apostado por unas ideas u otras como un novelista que escribe su obra. Había días que no conseguía sacar una frase buena; otros, la creatividad fluía como un manantial de agua fresca. Me gusta la crudeza pero también la lucidez de esta frase de Jack London: «No puedes esperar a la inspiración, tienes que perseguirla con un bate de béisbol». Considerado uno de los mejores escritores del siglo XX, escribía a diario un mínimo de mil palabras. Pablo Picasso decía que la inspiración existe, pero tiene que encontrarte trabajando.

En el momento en el que me di cuenta de que quería dedicar tiempo profesional a la mentoría y al *coaching*, puse en marcha un plan de acción al que llamé «Compra de libertad», cuyo desarrollo ocupó una década de mi vida. Todavía sigue en proceso, con sus éxitos y fracasos, sus crisis y aprendizajes. Con mi misión y visión claras, con mis valores por bandera y aplicando mis conocimientos empresariales, construí el plan de operaciones del resto de mi vida, con sus respectivos hitos e indicadores de resultados. En definitiva, diseñé mi futuro tomando decisiones de negocio. «Si tú no trabajas para tus sueños, alguien te acabará pagando para que trabajes para los suyos». Eso lo decía el siempre lúcido Steve Jobs. Profesionalizarte en la gestión de ti mismo será tu mayor ventaja competitiva en el mercado de la vida. No se trata de que te conviertas en emprendedor y montes un negocio. Se trata de que pongas el foco en tus sueños, sean cuales sean. Es necesario que esta actitud emprendedora sea una filosofía de vida. Este proceso de transformación no debería ser una enajenación pasajera, un salto adrenalínico. No significa que, como estoy agobiado en mi trabajo, lo dejo todo y monto un chiringuito en la playa; o, como no consigo hacer funcionar mi relación de pareja, renuncio a tener una. Entenderse a uno mismo y definir lo que uno quiere lleva tiempo y dedicación, una tarea que debe llevarse a cabo sin presiones ni precipitaciones. Pensar y analizar, tomar decisiones desde el raciocinio, no conlleva dejar de lado el instinto. Para lograr cualquier cambio necesitarás de todo tu ser, el que palpita y vibra, y el que razona y organiza. No están en guerra, no hay que elegir entre una cosa y la otra (recordemos las falsas dicotomías y la teoría Kinder Sorpresa), sino encontrar el equilibrio entre ambas dimensiones de ti mismo. Se trata de una decisión de negocios.

Encuentra tu *core business*: misión, visión y valores

Para explicar esta idea me gusta hacer referencia al concepto japonés de *ikigai*, una herramienta perfecta para trabajar el camino hacia la plenitud. Según la cultura nipona, todos tenemos un *ikigai*, es decir, una razón de ser, y encontrarlo o conectar con él, aunque es un arduo camino, es la única vía para alcanzar el verdadero sentido de la vida. Es más, existen teorías[10] que relacionan la longevidad de la población en Japón con el valor que esta cultura le otorga al concepto del *ikigai*, que va de la mano de la autorrealización. A grandes rasgos, la filosofía *ikigai* nos invita a pensar en concreto, a ponernos retos alcanzables, a apostar por el pensamiento focalizado y a perseguir una actitud virtuosa, en el sentido más aristotélico de la palabra; es decir, a potenciar una actitud positiva y agradecida, centrada en dar valor a aquello que realmente importa. Héctor García y Francesc Miralles, autores de *Ikigai: los secretos de Japón para una vida larga y feliz*, afirman que nuestro *ikigai* es como una radiofrecuencia: cuanto mejor sintonicemos con él, mayor será la sensación de que nuestra vida tiene un sentido.

Para mí, el *ikigai* nos ayuda a ser conscientes de todo nuestro potencial a través de la interpelación de las siguientes preguntas poderosas (deja que una primera respuesta aflore en tu interior):

— ¿Qué es lo que realmente amas?
— ¿En qué eres razonablemente bueno?

— ¿Qué crees que es lo que el mundo necesita y que tú puedes ofrecer?
— ¿Qué puedes dar tú a cambio de dinero?

¿Cómo han resonado en tu interior? En el diagrama que sigue puedes ver la relación entre estas preguntas y cómo en su confluencia encontramos el *ikigai* o propósito vital, el *core business* de tu empresa personal.

Matriz del ikigai.

Pongamos un par de ejemplos sencillos. Javier puede amar y ser muy bueno practicando la esgrima, pero si no consigue profesionalizar ese deporte es probable que, aunque alcance una satisfactoria plenitud vital, si las cuentas no cuadran a final de mes, acabe sintiéndose frustrado. También puede suceder que Raquel encuentre una gran oportunidad profesional en la programación informática, una especialización muy demandada en la actualidad, que consiga un buen sueldo rápidamente debido a la escasez de mano de obra competente, pero que pronto sienta también una enorme sensación de vacío existencial al darse cuenta de que ni le gusta hacerlo ni es demasiado buena en ello y de que lo que realmente desea es ser pintora. Todo es una cuestión de equilibrio. Puede que a Javier o a Raquel les compense encontrar un trabajo mecánico y aburrido, que no les llene en absoluto, pero que les ofrezca un horario adecuado y la aportación económica suficiente para dedicar, fuera de esas horas laborales, toda tu energía a la actividad que realmente les satisface. Sin embargo, antes de hacer cualquier renuncia tenemos que asegurarnos de que, en primer lugar, conocemos y conectamos con nuestro verdadero propósito y, en segundo lugar, que hemos hecho todo cuanto hemos podido para que nuestro propósito esté alineado con nuestro trabajo. Ahondemos en un caso práctico para comprenderlo mejor.

Lo que ama: Manuel tiene cuarenta y cinco años y vive con su familia en una gran ciudad. Lo que realmente ama es cocinar y explorar nuevas recetas, leer a todas horas, organizar fiestas y cenas con familiares y amigos, cuidar de su mascota, los crucigramas, hacer deporte junto a sus hijos, montar y desmontar aparatos eléctricos, y nadar, especialmente en el mar.

En lo que es bueno: Manuel trabaja de administrativo. Tiene un gran conocimiento de ofimática y de contabilidad, también se defiende con el inglés. Después de ser padre de gemelos ha desarrollado una gran paciencia. Es hábil con las manos. Es capaz de reparar los aparatos de la casa. Sus amigos dicen de él que es muy creativo, siempre logra encontrar la solución a los problemas. Sabe improvisar. Es un gran anfitrión. Es muy bueno en la cocina y también en deporte, especialmente la natación.

Lo que el mundo necesita: Manuel siente dejarles a sus hijos un mundo tan contaminado. Hace lo posible por educarlos en la sostenibilidad. En casa reciclan y compran y cocinan de forma ecológicamente responsable. Siente que las cosas irían mucho mejor si todos estrecháramos lazos, si viviéramos en mayor armonía. Por ello, colabora con distintas organizaciones ecologistas y siempre está organizando eventos con sus familiares y amigos. Le gusta celebrarlo todo. Ahora mismo piensa que su trabajo no le permitirá dejarles a sus hijos más que un poco de patrimonio personal, y no lo que él cree que necesitan.

Aquello por lo que pueden pagarle: Manuel ahora recibe un sueldo por su trabajo de oficina, pero a veces piensa que podría cobrar por todos los arreglos y servicios de mantenimiento y reparación que lleva a cabo para familiares, vecinos y allegados, también por las fiestas que organiza, en las que a veces cocina para medio centenar de personas. Hay días en los que se pregunta por qué no montar una pequeña empresa de eventos y *catering,* incluso un bar o un restaurante. Un lugar en el que dar rienda suelta a sus grandes pasiones, una herencia para sus descendientes, un punto de encuentro para los suyos. También colabora gratuitamente en distintas organizaciones medioambientales. Alguna vez ha fantaseado con la idea de emplearse de forma fija en una de ellas.

ELIGE VIVIR

¿Podría Manuel dar un vuelco a su vida dirigiéndola hacia algunas de sus pasiones? ¿Cómo podría monetizar su habilidad para la cocina y la organización de eventos, su espíritu ecologista o su capacidad para arreglar objetos y solucionar problemas? ¿Cómo podría compatibilizar este posible cambio de vida con sus necesidades económicas y familiares, con su anhelo de construir un legado? Podría buscar un socio o socios con los que crear un pequeño *catering* especializado en menús sostenibles, con productos ecológicos y de proximidad. ¿Qué más crees que podría hacer?

Ken Robinson llamaba a este proceso creativo encontrar tu «elemento». Robinson fue un pedagogo británico revolucionario, cuya propuesta de incorporar los aprendizajes artísticos y culturales en los planes de estudio escolares se extendió por todo el mundo a partir de los años ochenta. En esta búsqueda del «elemento», Robinson, pionero en asuntos de creatividad y pedagogía, nos habla de un viaje en dos direcciones: hacia el interior de uno mismo y hacia el mundo exterior. En sus palabras: «Encontrar tu "elemento" significa abrirte a nuevas experiencias y explorar nuevos caminos y posibilidades, en ti mismo y en el mundo que te rodea».

Lo que hemos emprendido juntos es un proceso creativo para responder a la siguiente pregunta: ¿cómo te ves a ti mismo en cinco, diez o veinte años, incluso ya jubilado o en el lecho de muerte?

Encontrar tu propósito, *ikigai* o elemento, como lo quieras llamar, lo altera todo. En mi caso descubrí que mi anhelo más profundo era prejubilarme de mi trabajo de oficina y centrarme en el ejercicio de la mentoría y el *coaching*, así como de la consultoría empresarial. Quería tiempo para mí, para mi familia, para mis proyectos, quería ser dueño y señor de mi agenda. Ansiaba profundizar en mi deseo de ayudar y cuidar de los demás. Deseaba marcar la diferencia, trascender. Descubrí, además, que se me da bien escuchar, empatizar, aconsejar y comunicar. Entendí que podía poner mi granito de arena en la construcción de una sociedad más armoniosa, que podía ser útil y, muy importante, que podía ganarme la vida con ello. Encontré mi propósito. Todos podemos hacerlo.

En mis conferencias siempre saco a relucir con gran éxito entre el público que la clave la tienen las *Spice Girls*, aquel grupo de cantantes británicas que en los noventa se hicieron extremadamente populares con su superventas *Wannabe*. Cantaban: «*I'll tell you what I want, what I really, really want. So tell me what you want, what you really, really want*». Ahora te lo pregunto yo a ti: ¿qué es lo que realmente, lo que verdaderamente quieres?

Construye tu identidad corporativa

En la vida, la clave es ser nosotros mismos, pero eso no equivale a hacer lo que nos dé la gana cuando nos venga en gana. Ser uno mismo requiere coherencia, tener formados el criterio y el carácter, tomar partido en lugar de dejarse llevar. ¿Qué sentido tiene vivir ocultos tras una máscara o disfraz, vivir alienados, anestesiados o a la deriva?

En ese sentido, me gusta comparar la construcción de nuestra personalidad con la fórmula de la identidad corporativa, es decir, al balance entre misión, visión y valores:

Yo S.L. = misión + visión + valores

En *management*, la misión es la razón de ser de una corporación, que a su vez engloba su identidad, su función y contribución, su meta de futuro, y sirve para asentar las bases de su plan de operaciones o de las estrategias operativas. Es decir, su propósito. Por otro lado, la visión se refiere a los objetivos concretos a corto, medio y largo plazo para alcanzar la meta, es la ruta a seguir. Y, finalmente, los valores son los principios éticos y morales que rigen sobre toda actuación o conducta. Según un estudio realizado por la prestigiosa *Harvard Business Review*[11] «las empresas que experimentan éxito duradero tienen valores y un propósito que se mantienen fijos».

Veamos algunos ejemplos reales. La información que comparto se puede consultar en los sitios web de estas empresas.

Misión de Northface	Visión de Northface	Valores de Northface
«Promover un movimiento global de conservación y exploración del mundo exterior.»	«Ser reconocida como una marca importante, esencial y líder en los deportes al aire libre.»	«Trabajar en equipo, apoyar a los atletas, seguir respetando el medioambiente y desarrollar productos de calidad.»
Misión de Tesla	Visión de Tesla	Valores de Tesla
«Acelerar la transición del mundo hacia la energía sostenible.»	«Hacer productos accesibles y asequibles para cada vez más personas, acelerando la llegada del transporte limpio y la producción de energía limpia.»	«Protección y sostenibilidad del medio ambiente, innovación, diversidad e inclusión.»

Del mismo modo que en toda corporación, el éxito de nuestra empresa vital pasa por definir nuestra misión y visión, y hacerlo conforme con nuestros valores. La mayoría de las veces que sentimos frustración, decepción o una profunda tristeza en relación a nuestra vida, el motivo es la brecha que existe entre ella y nuestros principios. Sabemos lo que queremos, pero no cómo concretarlo. Es por esta razón que a veces vivimos de espaldas a nuestro propósito.

Fernando vive en una gran ciudad, con todo lo que esto conlleva. Su trabajo en una multinacional le obliga a hacerlo, de la misma forma que tiene que conducir el coche a diario. Desde hace algunos años, Fernando ha desarrollado una profunda conciencia ecológica y poco a poco ha ido modificando desde sus hábitos de consumo hasta sus dinámicas vitales. Por desgracia, tiene que usar el coche sí o sí para desplazarse y no se plantea no vivir en la ciudad, pero colabora de otras maneras; compra a granel, evita consumir envases de plástico y sigue otros hábitos y rutinas sostenibles. Participa en foros, organizaciones y todo tipo de actividades relacionadas con la lucha contra el cambio climático. Sin embargo, cada día que pasa está más preocupado por el medioambiente y siente que necesita implicarse más. Se siente frustrado y ha empezado a odiar su vida en la ciudad e incluso su trabajo por el impacto que tiene a nivel ecológico. Tras sentirse cada día más abrumado por la frenética realidad que lo rodeaba, Fernando vio la luz durante la pandemia. Al declararse el estado de alarma, él y su familia se trasladaron a una vieja casa familiar en un pueblo relativamente cercano a la ciudad. Allí pasaron varios meses, hasta que los niños volvieron al colegio. Pero gracias a ese punto de inflexión, Fernando fue consciente de la posibilidad de cambio, así como de la necesidad de llevarlo a cabo. Durante el año siguiente, estuvo trabajando para trasladarse de forma definitiva al pueblo junto a los suyos: pactó con su empresa cuatro jornadas de teletrabajo a la semana, adecuó la vieja casa, encontró colegio para sus hijos, etcétera. Fernando ahora vive en un pueblo, en un hogar autogestionado y cien por cien sostenible. Está feliz con la decisión: toda su familia goza de una vida más tranquila, como siempre había deseado. Ha conectado con su deseo de dejar a sus hijos un mundo mejor y con su objetivo de poner su granito de arena con su actitud vital. Su vida ahora está más acorde con sus principios, que intenta compartir con todo su entorno, y ha hallado la plenitud.

Podemos esquematizar la misión, visión y valores de Fernando de esta forma:

La misión de Fernando es	La visión de Fernando es	Los valores de Fernando son
Vivir una vida sostenible, acorde con los principios ecologistas. Por ejemplo, usar el coche solo cuando es indispensable; minimizar el uso del aire acondicionado; transmitir estos principios a las personas que le rodean, explicar los beneficios colectivos que su práctica puede traer a la sociedad en su conjunto.	Trabajar activamente en el desarrollo de una vida sostenible (consumir con responsabilidad, reciclar, reutilizar, reducir, usar energías no contaminantes, etcétera), luchar por dejar un mundo mejor a las generaciones futuras y ayudar a que la mayor cantidad de gente posible tome conciencia de la necesidad imperiosa de cuidar de la Tierra, nuestro único hogar, antes de que sea demasiado tarde.	Responsabilidad, empatía, colaboración, coherencia, trascendencia, solidaridad.

Ha llegado tu turno. Ahora te toca a ti hacerte estas certeras y poderosas preguntas respecto a tu empresa personal. Debes contestar como CEO, como director general que eres. Conecta con él, recuerda que está dentro de ti y posee lucidez y conocimiento.

— ¿Cuál es mi misión? ¿Cuál es mi propósito de vida? ¿Cuál es mi ventaja competitiva respecto al resto, es decir, qué puedo y deseo aportar a los demás, a la sociedad?

— ¿Cuál es mi visión? ¿Cómo llevaré a cabo tal propósito de vida? ¿Cómo lograré sustentar y consolidar este propósito a lo largo del tiempo? ¿Cómo quiero que los demás lo perciban?

— ¿Cuáles son mis valores? ¿Qué principios rigen mi vida? ¿Realmente mis valores y principios están en armonía con mi propósito de vida? ¿Cómo puedo reducir la brecha, si existiera?

No importa que te cueste contestar estas preguntas. Es un proceso. Te invito a que sigamos avanzando.

Quiero que te imagines que eres el director general de tu empresa vital, recién contratado para reflotar tu corporación en crisis. Como flamante CEO debes analizar la situación pasada y presente de tu corporación para proyectar un plan de operaciones, las estrategias necesarias para el futuro, y devolver así la grandeza a tu compañía. Como líder posees la lucidez y el conocimiento necesarios.

En primer lugar, analiza en profundidad tu trayectoria vital, con sus puntos de inflexión, que te ha convertido en quien eres. Tener una mirada holística y sistémica de tu Yo S.L. puede aportar luz a cómo es su relato. Tu experiencia es importante para poner en valor tu esencia y definir un proyecto de futuro. Por eso usaremos la técnica de «la línea de la vida».

Traza una línea recta en tu cuaderno de pensar e indica en ella, en orden cronológico y con distintos colores, a ser posible, el presente, así como los distintos acontecimientos que consideres que han marcado tu vida (por ejemplo, la muerte de tu padre o el día de tu boda), las distintas situaciones que forman parte de tu historia personal (desde un memorable viaje hasta una decisión importante) y los puntos que imaginas que definirán tu futuro (puede ser trascendental, como tener un hijo, o más aspiracional, como aprender un idioma). Identifica los principales momentos de ruptura o corte. Interrógate sobre ellos. Aquí comparto algunas preguntas básicas, pero hazte todas las que consideres necesarias.

— ¿Has vivido la vida que querías vivir? ¿Volverías a vivir la misma vida? ¿Qué cambiarías y por qué?
— ¿Qué te ha marcado? ¿Tienen algún punto en común tus hitos vitales?
— ¿Puedes identificar las prioridades que han dirigido tu vida? ¿Y los valores subyacentes?

— ¿Puedes reconocer alguna misión y visión en tu pasado? ¿Y en tu futuro?
— Añade todas las preguntas que consideres pertinentes.

Recuerda que este ejercicio no busca emitir juicio alguno. El objetivo es comprender nuestro pasado para construir nuestro futuro. Deja a un lado los remordimientos y las frustraciones que se te puedan presentar, este no es momento para saboteadores.

Para relanzar tu Yo S.L., un primer paso es encontrar y redefinir o crear tu *core business*, es decir, establecer los pilares fundamentales sobre los que cimentar el nuevo proyecto. No te enredes en grandes argumentos o profundas disquisiciones filosóficas. Cuanto más humanista sea el enfoque de tu identidad corporativa, mayores posibilidades de éxito tendrás.

En primer lugar, pregúntate:

— ¿Cuál es tu propósito de vida? O, en su defecto, ¿cuál desearías que fuera tu propósito de vida en el futuro?

Puedes usar el método *ikigai* y formularte las cuatro preguntas:

— ¿Cuál o cuáles son tus pasiones?
— ¿Cuál o cuáles son tus talentos?
— ¿Qué crees que es lo que el mundo necesita y que tú puedes ofrecer?
— ¿Qué puedes ofrecer a cambio de dinero?

Lo que amo	En lo que soy bueno
Lo que el mundo necesita	Aquello por lo que pueden pagarme

También puedes recuperar las notas de los ejercicios anteriores y trabajar a partir de tus reflexiones.

En segundo lugar, identifica:

— ¿Cuáles son tus valores de vida?

Lee la siguiente lista y subraya los diez valores con los que más te identifiques. A continuación, reduce la lista a los cinco que creas que más intensamente te representan. Si te identificas con alguno que no está en la lista, añádelo. Contrasta la lista a la que has llegado con personas próximas a ti, para ver si coinciden o hay algún valor oculto que los otros ven en ti y del que tú no eres tan consciente.

Honestidad	Autodominio
Tolerancia	Superación
Libertad	Laboriosidad
Compasión	Magnanimidad
Equidad	Objetividad
Comprensión	Puntualidad
Disciplina	Aprendizaje
Paciencia	Fidelidad
Prudencia	Generosidad
Gratitud	Honor
Abnegación	Honradez
Respeto	Fortaleza
Responsabilidad	Discernimiento
Lealtad	Empatía
Armonía	Cortesía
Ambición	Colaboración
Altruismo	Trascendencia
Confianza	Sabiduría
Coraje	Lealtad
Valentía	Placer
Modestia	Orden
Perseverancia	Control
Solidaridad	Pasión
Voluntad	Reconocimiento

Una vez hayas identificado tu listado de valores, pregúntate:

— ¿Están tus valores en armonía con tu propósito de vida?
— ¿Existe algún tipo de brecha entre aquello a lo que aspiras y lo que eres o haces?

Si la respuesta es afirmativa, ¿cómo crees que podrías reducir tal brecha?

Finalmente, con toda la información que acabas de recoger, define en pocas palabras y de forma clara y directa la misión o propósito de tu empresa vital, así como su visión y sus valores.

Misión	Visión	Valores

Una vez lo tengas redactado, aúna ambas preguntas y crea el lema de Yo S.L.

Haz un rótulo con él. Colócalo en algún lugar en el que puedas verlo a diario. Detente algunos minutos frente a él cada vez que puedas e interiorízalo progresivamente. Volveremos a esto más adelante, mientras tanto sigue pensando cuál va a ser tu plan de acción.

5

Busca tu valor diferencial

Mis años como directivo me han enseñado la importancia de las aptitudes y las actitudes de un trabajador, la capacidad para aprovechar las sinergias formales e informales del mundo corporativo sin dejar de ser uno mismo, sin abandonar el propósito ni viciar las acciones.

Lo mismo sucede en la vida cotidiana; algunos lo llaman el arte de vivir. Me gusta la visión que el filósofo Javier Gomá presenta en su libro *La imagen de tu vida*: «El arte de vivir es sacudirte las tentaciones del escepticismo, el descreimiento, el cinismo, a los que parece que estamos abocados con el paso del tiempo». Hemos visto la vigencia y utilidad de los preceptos de los estoicos en la búsqueda y desarrollo de nuestro propósito de vida, así como en su consolidación. En las próximas páginas profundizaremos un poco más en la importancia de cultivar el carácter, nuestro auténtico valor diferencial, para alcanzar una vida plena. Desarrollar una personalidad clara y convincente nos dará las herramientas necesarias para sacar el máximo potencial a la misión y visión de nuestra empresa vital y, lo más importante, para guardarle lealtad.

En el capítulo 2 hicimos hincapié en que a la hora de alcanzar tus objetivos y conseguir resultado es determinante perseguir la virtud. Se trata de hacer lo correcto y ser coherente con nuestros valores. Invertir en el Departamento de Calidad de tu

Yo S.L. es aprovechar en tu propio beneficio las sinergias personales, profesionales y sociales que te rodean, usar este *feedback* para crear la mejor versión de ti mismo. A las personas con las que he trabajado y a aquellas a las que asesoro les insto, en el primer caso, a que exploten su talento y emerjan profesionalmente; en el segundo, a quitarse toda máscara o disfraz para conectar con su esencia, para alinear quiénes son con quiénes anhelan ser.

Sé épico: la Actitud Permanente de Conquista

La Actitud Permanente de Conquista (APC) consiste en tener una mentalidad positiva y posibilista. Es un término que acuñó un viejo conocido y sobre el que he desarrollado mi propio marco teórico, que se sustenta en la idea de que la actitud determina el resultado.

Mis dos últimos trabajos para un tercero surgieron justamente gracias a esta actitud, que he intentado cultivar y potenciar a lo largo de toda mi vida. Mis nuevos empleadores observaron cómo me desenvolvía en el entorno laboral, en la cotidianidad de la oficina, cómo era el trato con mis superiores, compañeros y empleados, y con mis clientes y proveedores. De ese atento escrutinio surgió una propuesta de empleo. De igual manera, una de mis mejores trabajadoras fue contratada por un cliente después de que realizara para él una excelente campaña. La empresa quedó realmente impresionada tras su actuación y quiso incorporarla a su equipo de forma permanente. Lo conquistó. Estos ejemplos nos recuerdan que, consciente e inconscientemente, comunicamos en todo momento.

Tener una Actitud Permanente de Conquista ante la vida no consiste en convertirse simplemente en una persona seductora. Al contrario, la APC es una herramienta poderosa y debe trabajarse desde la humildad. Además, cada uno la expresa de distintas formas, en línea con la misión, visión y valores de su propia empresa vital.

Por ejemplo, la Actitud Permanente de Conquista de un editor es tener siempre activo el radar de posibles futuras publicaciones, pues la información puede llegar por los canales habituales, pero también a través de una conversación informal con amigos en la que se menciona a un desconocido y maravilloso escritor autopublicado, o mediante una exploración en redes sociales después de descubrir a través de su hijo adolescente que hay una efervescente y embrionaria tendencia capaz de convertirse en la nueva oportunidad de negocio de su editorial. La de una profesora puede ser leerse el fin de semana un estudio sobre una interesante alternativa pedagógica que podría aplicar en clase. La de un deportista lesionado, perseverar en su recuperación y rehabilitación. Son solo algunos ejemplos.

La Actitud Permanente de Conquista implica proactividad, pero también asertividad, que tiene mucho que ver con la autoestima. La autoestima es una autopercepción escurridiza y volátil que nos ocupa toda la vida. Uno de los perfiles que suelo encontrarme es el de personas que se creen incapaces de poner límites o de negar un favor, aunque vaya en su contra. En general, nos cuesta decir «no» sin sentirnos incómodos o culpables. Nos resulta difícil expresar de manera clara aquello que realmente pensamos, sentimos o queremos. Comúnmente se denomina asertividad a la capacidad de autoafirmar los propios derechos, sin dejarse manipular y sin manipular a los demás. Me atrae especialmente la definición de la terapeuta Olga Castanyer en su libro *La asertividad: expresión de una sana autoestima,* que liga estrechamente la asertividad «al respeto y cariño por uno mismo y, por ende, por los demás». Sin duda, cuando uno se cuida, el cuidado se hace extensivo a los demás.

Sé asertivo: la actitud L'Oréal

Cuantos más noes das a las cosas que no son importantes, más síes darás a las que sí lo son. Esto te acerca a tus objetivos vitales. ¿Cuánto tiempo de tu agenda semanal dedicas a tus propias necesidades y deseos?

Decíamos que la autoestima es cómo nos percibimos a nosotros mismos. Por lo general, lo hacemos de forma distorsionada, ya sea a causa de nuestros propios saboteadores internos, siempre alertas, o por las frecuentes imposiciones y expectativas sociales y culturales.

Elegir vivir es elegir ser uno mismo. Aceptarnos tal y como somos. Celebrarnos y amarnos es esencial. Es la única manera de llevar a cabo la misión y visión de tu empresa vital. En un punto, da igual cuán claro tengas el propósito de tu Yo S.L., sin amor propio el camino es más escarpado y sinuoso.

Mereces que te pasen cosas buenas. Lo mereces. Repítelo con convicción. Es vital que lleves por bandera la «actitud L'Oréal». Seguro que tienes presente el famoso eslogan asociado a esta marca de productos de belleza femeninos: «Porque tú lo vales». En realidad, más que un eslogan, este icónico lema es una misión corporativa. Como dicen en su propio sitio web: «Tomarte tu belleza por tu propia mano es empoderador. Creer en tu propia belleza es algo que nadie más puede controlar: ese es el verdadero poder». Un ejemplo claro de la importancia del foco y del valor. Me gusta imaginar a la publicista Ilon Specht —la joven *copywriter* de veintitrés años de la agencia McCann creadora del famoso eslogan— frente al espejo, abrumada por la presión de trabajar en una de las corporaciones más importantes de Manhattan, mirándose, harta de sufrir los comentarios sexistas de sus compañeros de trabajo en aquel cambiante pero todavía viejo mundo que era 1971 en Estados Unidos. Me gusta pensar en ella, observándose y diciendo «no me maquillo para que me mires, no me peino para que me alabes, no me arreglo para gustarte, sino porque yo lo valgo».

Una autoestima alta es indispensable para superar un proceso de selección laboral o un reto profesional, por ejemplo, porque manifiesta un nivel de energía por encima de la media (esa luz que a veces reconocemos en el otro, pero no acabamos de poder definir o explicar de dónde procede) y es la clave para incentivar dinámicas positivas y posibilistas. De lo contrario, puedes caer con facilidad en una dinámica de «sumidero», que te va absorbiendo hasta engullirte por completo. Abraham Maslow situaba la autoestima en el penúltimo estadio de su pirámide, justo antes de la autorrealización. «Es imposible la salud psicológica, a no ser que lo esencial de la persona sea fundamentalmente aceptado, amado y respetado por otros y por ella misma», afirmaba. La manera en la que nos percibimos importa, y mucho. Basta reflexionar sobre el impacto que tienen las redes sociales en nuestras vidas y cómo la manera en que nos ven los demás nos afecta, muchas veces en exceso. Prestamos demasiada atención a la opinión ajena en detrimento de la propia.

Hay centenares de técnicas para trabajar la autoestima que se basan en principios como centrarnos en lo positivo, no generalizar, ser conscientes de nuestros logros, no caer en las comparaciones, aceptarnos a nosotros mismos, entre muchos más. Del mismo modo, cuando estamos con la energía baja y necesitamos subir la frecuencia de nuestra autoestima, hay quienes usan la música, otros prefieren practicar un deporte, repetir mantras del estilo «porque tú lo vales», cambiarse el peinado o estrenar ropa nueva. Existen infinitas posibilidades. Al fin y al cabo, todo nace de la autopercepción y de la actitud. Creo que casi todas estas tácticas motivacionales trabajan a partir de dos variables: poner el foco en el pensamiento positivo y posibilista, y mantener a raya a los saboteadores internos para impedirles que nos estropeen la fiesta. El psiquiatra Luis Rojas-Marcos lo expresa con lúcida claridad: «Las expectativas optimistas protegen la autoestima porque favorecen la visión esperanzadora del futuro, estimulan la perspectiva favorable de que "las cosas irán bien", lo que hace que la persona se predisponga a ese resultado y confíe en su habilidad para conseguir lo que se propone. Esta esperanza fomenta la disposición a creer que las metas que uno se fija se pueden alcanzar si uno está dispuesto a invertir en ellas la atención y la fuerza de voluntad necesarias».

Uno de los mayores expertos en el «yo», el psicoterapeuta Nathaniel Branden, aseguraba ya en 1983 que de todos los juicios que hacemos en la vida, que son muchos, el más importante es el que hacemos sobre nosotros mismos, pues constituye el motor de nuestra existencia. En ese sentido, la mejor forma de combatir ese juicio, muchas veces cruel y despiadado, es trabajar la épica y la asertividad como forma de posicionamiento y de rendimiento vital. Creer en uno mismo es la mejor y la única manera de fortalecer tu marca, tu identidad corporativa, la misión, visión y los valores de tu empresa vital.

Sé tú mismo: la era del *branding*

El *branding* es la gestión de la imagen de una marca que generalmente llevan a cabo los departamentos de Marketing y Comunicación, y tiene mucho que ver con el propósito de la marca. El objetivo de las empresas es transmitirte su misión, visión y valores para crear todo tipo de conexiones, conscientes e inconscientes, que influyan en tus decisiones de consumo o compra. *Branding* es comunicar, crear una percepción en el otro, influir en él, persuadirle.

Tu empresa vital necesita ahora que tus departamentos de Marketing, Comunicación y Ventas trabajen en equipo. Estás en pleno proceso creativo para definir quién eres y qué quieres, por lo que trabajar el concepto de posicionamiento único —como estrategia que busca definir las características principales de un producto o servicio— te será de gran ayuda. Entre los entendidos, esta maniobra comercial se llama configurar la *Unique*

Selling Proposition, es decir, una propuesta única y singular de venta. Tal vez por deformación profesional, siempre ejemplifico esta idea con la imagen de un bote de champú en el lineal del supermercado.

Aunque tanto el producto como el servicio que dan los distintos champús del mercado son exactamente iguales, cada uno de ellos te cuenta una historia, la suya. Seguramente como usuario has experimentado millones de experiencias de compra o consumo en tu vida y sabes perfectamente que toda elección viene motivada por distintos estímulos o variables: desde el *packaging* hasta la tipografía de la estampación, pasando por el logo, los *copys* o mensajes, el color, etcétera.

Muchas veces tendemos a obsesionarnos con nuestros defectos y damos por sentadas nuestras virtudes. Lo mismo sucede con nuestros talentos. Sin embargo, creo firmemente que hay una relación entre la mayoría de nuestras altas capacidades naturales y nuestro propósito, esencia y valores más profundos, aunque a veces de manera oculta. Ken Robinson hacía esta excelente reflexión: cuando un niño llega a casa con una nota mediocre en matemáticas y una nota alta en música, tendemos a apuntarle a lecciones de refuerzo de cálculo, pero quizá deberíamos plantearnos lo contrario y llevarlo a aprender a tocar un instrumento. No es cuestión de abandonar nuestras carencias a su suerte, sino de potenciar nuestras virtudes para alcanzar la excelencia.

Encontrar tu valor diferencial y posicionarlo no es más que potenciar tu *ikigai*, elemento o propósito, interiorizarlo y proyectarlo, trabajar por y para este. En definitiva, es una manera de comunicarle al mundo que sabes quién eres y qué quieres, y lo más importante, que te gustas tal y como eres.

— ¿Cuál es mi valor diferencial? ¿Qué me hace único?
— ¿Qué transmito al otro sobre mí? ¿Qué quiero transmitir?
— ¿Cómo me perciben los demás?

Al hacerte estas preguntas, ya te estás poniendo en valor, cuidas tu autoestima y potencias tu asertividad, preparándote para ser épico además de desgranar todavía más tu propósito de vida. La genial poeta Sylvia Plath escribió en *La campana de cristal*, su única novela: «Respiré hondo y escuché el antiguo reto de mi corazón. Soy, soy, soy». Se trata de un libro conmovedor que narra la historia de una joven muchacha en busca del sentido de la vida después de descubrir que seguramente no podrá llevar a cabo su sueño de ser escritora y que no hay posibilidad de escape del destino marcado por la sociedad de los años cincuenta por el que toda mujer debía convertirse en madre y ama de casa, y hacerlo con su mejor sonrisa. Su original «I am, I am, I am» (Soy, soy, soy), casi una letanía, fue y es un provocativo lema para muchos, especialmente para las mujeres en las décadas posteriores a la muerte de Plath, en 1963, en plena lucha contra la alienación moderna.

Elegir vivir es justamente pararse y gritar a todo pulmón «Yo soy». Constituye, sin duda, uno de los alegatos más contundentes que podemos reivindicar como seres humanos hoy en día. Solemos olvidarlo o darlo por sentado:

Yo soy.

Aquí estoy.

Existo. Vivo.

Cuando la mayoría de nosotros nos enfrentamos a interrogantes identitarios solemos caer en lugares comunes; nos cuesta pensar en concreto, se nos hace muy difícil vernos a nosotros mismos con la lucidez y sinceridad necesarias para extraer todo el jugo de nuestra esencia. Llevamos ya muchas páginas intentado adentrarnos en el meollo de nuestra existencia desde distintos ángulos. También te preguntarás por qué hacer un ejercicio como este. ¿No habíamos quedado ya en que debemos vivir la vida poniendo el foco en nosotros mismos y no en los demás? ¿Por qué es necesario, ahora, encontrar valores diferenciales que nos hagan destacar respecto al otro? ¿No hemos trabajado ya lo suficiente la búsqueda de la misión, visión y valores de nuestra empresa vital?

Es cierto, pero establecer tu posicionamiento es una manera alternativa de encontrar tu propósito. Por otro lado, lo más destacable de este camino es que constituye la mejor manera de jurarle lealtad. Recuerda que este es un proceso largo y complejo. No sucede de la noche a la mañana. Requiere dedicación. Posicionarte es tomar partido por ti, por tu propósito.

Veamos un ejemplo, para bajar a tierra este concepto.

Arturo es un periodista *freelance*. Trabajó durante años en distintos medios de comunicación, hasta que el periódico en el que era redactor cerró debido a la crisis. Esto lo llevó a establecerse por cuenta propia: vende colaboraciones en revistas, participa en *podcasts*, gestiona redes sociales, entre otras cosas. Arturo fantasea con la idea de escribir un libro, un sueño pendiente. Sin embargo, el día a día lo ha ido arrastrando hacia una espiral de trabajo en la que le es imposible dedicar tiempo a ningún proyecto personal. En estos cinco años que lleva como *freelance*, Arturo nunca ha rechazado un trabajo por muy mal pagado o poco estimulante que fuera. Por un lado, cree que una negativa podría implicar la pérdida de un cliente; por otro, considera que no puede permitirse elegir, pues las retribuciones son cada vez más bajas y la cuota de autónomos es cada vez más alta. Cada mañana, Arturo mira con tristeza la carpeta «Novela» en su ordenador, que apenas abre.

Arturo tiene claro su propósito, pero lo está demorando. Quizá por falta de autoestima y asertividad. Es probable que se esté poniendo falsas excusas por miedo a enfrentarse a un reto tan importante. Sin embargo, todo apunta a que los árboles no le dejan ver el bosque. Arturo no está pensando de forma inteligente, no está valorando el coste de oportunidad. Cada vez que acepta un proyecto nuevo que no le motiva, se aleja más y más de su auténtico sueño. ¿Qué opciones tiene Arturo para desbloquear esta situación?

En primer lugar, debería entender que hay que priorizarse a uno mismo. En mi opinión, las personas solemos encasillarnos en tres compartimentos estancos: los que trabajan para otros, los que trabajan para sí mismos y los que consiguen que el mundo trabaje para ellos. Una decisión vital en este viaje que estamos haciendo juntos es que pienses cuál de estos tres tipos eres y en cuál quisieras convertirte.

Los primeros, aquellos que trabajan para otros, viven la mayor parte de las veces adormecidos o simplemente alienados. Llegar al siguiente estado requiere la profesionalización de la gestión de uno mismo, sea trabajando por cuenta ajena o propia. Esta es mi propuesta. Sin embargo, es importante que seamos conscientes de que existe un último nivel, los que consiguen que el mundo trabaje para ellos. Algunos son famosos, como Steve Jobs, Elon Musk o Richard Branson, pero hay muchos más. Estás rodeado de gente con carisma, de gente con un brillo especial, con una energía vigorizante. Son personas que han ampliado su ancho de banda. No sabes cómo, pero siempre logran aquello que se proponen, viven satisfechos, están en armonía con ellos mismos y con el mundo que los rodea. Es aquella compañera que con método y disciplina ha logrado un ascenso a pesar de no parecer a priori la candidata ideal; es tu hermana, que ha aprobado unas complicadas oposiciones, con dos niños en casa; es tu amigo del colegio, que ha superado un cáncer y está corriendo un maratón el mismo año.

Es posible superar tus límites, seguir siendo fiel a ti mismo y hacerlo con tus propios recursos. En sus inicios, Oprah Winfrey, uno de los iconos televisivos más importantes del siglo XX, fue despedida y considerada no apta para la televisión. Un alto directivo de una destacada discográfica se atrevió a decirles que no tenían ningún futuro en la industria musical a los Beatles. El primer libro de uno de los escritores más importantes de la literatura anglosajona, Stephen King, fue rechazado hasta en treinta ocasiones por las editoriales estadounidenses. Por suerte, en todos estos casos, estas personas lo siguieron intentando, confiaron en ellas mismas, en sus capacidades, habilidades y posibilidades. Practicaron la «mentalidad Edison», el inventor y pionero en la creación de un laboratorio de investigación industrial: aprendieron de sus errores, no dejaron que estos les frustraran, fueron perseverantes. No hay éxito sin fracasos previos. Edison hablaba de fracasar hacia el éxito. Esa es la actitud adecuada. Fuera los miedos, la vergüenza y la pereza. Toca actuar. Pregúntate qué tipo de persona eres, cómo vas a ampliar tu ancho de banda, cómo vas a ir más lejos, cómo vas a ser épico, asertivo, cómo vas a ser tú mismo.

Yo soy. Aquí estoy.

Posiciónate: deja que emerja tu valor diferencial

Construir tu personalidad, tu valor diferencial, no es solo una de tus ventajas competitivas: es estar en contacto con tu esencia, con la vida misma. Ha llegado el momento de que bailes al son de tu música. No permitas que la música de los demás —y mucho menos el hilo musical de tu entorno— dicte tus pasos. Conectar con tu propósito es hacer aquello que tiene sentido para ti y solo para ti. Todos queremos encajar y, en ocasiones, suavizamos nuestras aristas para ser aceptados. Relegamos a un segundo plano o llegamos a ocultar bajo la alfombra nuestra auténtica personalidad. Esta es el conjunto de rasgos y cualidades que configuran la forma de ser de una persona, aquello que la convierte en única: nuestra *Unique Selling Proposition*.

Esta situación, por desgracia, nos lleva en demasiadas ocasiones a meternos tanto en el papel de *lo que se espera de nosotros* como a aceptar y realizar *aquello que se supone que hay que hacer*. Esto nos aleja de nuestra misión y visión, puede contradecir nuestros valores y provocarnos un conflicto con nosotros mismos. Llegados a ese punto, lo más probable es que suframos una crisis vital, que vivamos estresados y presas de la ansiedad, que sucumbamos a la frustración y a languidez. Por supuesto, esto no tiene por qué ser así. Ser joven no implica que me guste salir de fiesta; estar en edad fértil no significa que quiera ser madre; ser anciano no es sinónimo de ansiar la jubilación.

El cardenal Ángel Herrera Oria dejó escrito que el fin de toda educación es formar a personas de carácter. Lo suscribo completamente. La expresión «tiene mucho carácter» se usa popularmente con un matiz peyorativo que no hace justicia, en mi opinión, a lo que verdaderamente significa. Una persona con carácter es alguien con criterio propio, que es fiel a su propósito de vida. Lo que sucede es que hoy olvidamos cultivarlo. El carácter muestra nuestra esencia y valor diferencial. En mi caso, la muerte de mi primera mujer transformó en gran medida mi carácter. La desgracia, aunque fuera por pura supervivencia, me volvió mucho más positivo y me permitió desarrollar una gran capacidad de resiliencia. Me convirtió en un hombre de acción, lo que me permitió, con los años, alcanzar mi máximo desarrollo y potencial y la alineación total con mi propósito de vida. No es necesario vivir una tragedia para construir una personalidad única, ni mucho menos. Un hecho así puede radicalizar o acelerar el proceso, pero cimentar nuestro carácter es una carrera de fondo.

La clave es tener método y disciplina. Tu personalidad, aquello que te hace único y distinto, es como una delicada flor de jardín. Necesita de tu cuidado constante: tienes que regarla, podarla, hablarle. En definitiva, necesita de tu compromiso y esfuerzo para florecer.

Un ejercicio que me ha funcionado a las mil maravillas para cultivar mi propio carácter es la técnica de la gestión de cuadrantes. Un enriquecedor trabajo introspectivo. Veamos un ejemplo.

Claudia ha pasado un muy mal año: a la muerte de su madre, después de una larga enfermedad, se ha sumado, al cabo de pocos meses, el despido de un empleo en el que llevaba más de diez años. Ha estado un tiempo muy deprimida y le ha sobrevenido una profunda crisis personal. Después de tomarse un pequeño y necesario descanso, ha empezado a buscar un nuevo trabajo pero las entrevistas están siendo un fracaso. Tras una década en una productora local y cuidando de su madre dependiente, se ha dado cuenta de que el sector audiovisual ha cambiado mucho y no se siente a la altura de las circunstancias; además, el tiempo dedicado al cuidado de su madre la fue apartando de sus círculos sociales y se siente muy sola.

Claudia necesita reorientar su vida. Ha visto con claridad que necesita objetivos concretos e hitos medibles para salir de la situación de estancamiento en la que se ha sumido después de la muerte de su madre y del despido. Es por eso que se ha puesto distintos objetivos que cumplir a lo largo de los próximos seis meses. Claudia ha dividido su plan de trabajo personal en cuatro apartados (cada uno puede elegir qué trabajar en cada cuadrante) en los que ella quería mejorar: profesional, social, intelectual y espiritual. En el ámbito profesional se ha propuesto reciclarse; en el social, conocer a gente nueva; en el intelectual, ponerse al día; y en lo espiritual, conectar más con sus propias necesidades, priorizar el cuidado de sí misma por primera vez en mucho tiempo.

Este es el cuadrante de trabajo que ha diseñado Claudia:

Profesional	Social
- Dedicar cada día dos horas a la búsqueda activa de trabajo. - Hacer uno o varios cursos de actualización en mi área de trabajo, incluso en alguna nueva, que puedan serme útiles para encontrar un nuevo puesto.	- Apuntarme al cinefórum del centro cívico cercano a casa. Aunque a veces no me apetezca del todo, quedar para tomar algo al terminar la actividad. - Retomar la relación con María, una de mis mejores amigas, que solía llamarme muy a menudo y proponerme planes a los que siempre encontraba objeciones. Proponerle al menos una quedada al mes.
Intelectual	Espiritual
- Ver una película o serie al día. Llevar un diario en el que anotar todo aquello que me sea útil en relación a mi campo de trabajo. - Leer al menos un libro al mes de la bibliografía seleccionada en relación al reciclaje en mi campo de trabajo.	- Dedicar un mínimo de media hora cada mañana a la meditación y a la práctica del yoga, ejercicios que solía hacer antes de que mi madre enfermara.

Este ejercicio tiene para Claudia múltiples aplicaciones. Por un lado, le permite trazar un plan de acción concreto para solucionar su crisis vital: encontrar un trabajo acorde con sus expectativas y formación y retomar su vida personal en distintos ámbitos después de un tiempo de estar en barbecho vital. Por otro, le ofrece una luminosa perspectiva sobre cómo le gustaría vivir su vida y cómo le gustaría proyectarse y mostrarse: como una mujer activa, formada y cultivada, consciente de sus necesidades y anhelos, dueña de sí misma. Es más, le da la oportunidad de conectar con su yo esencial y trabajar, cuando lo vea necesario, en favor de su misión y visión, ahondar en su propósito de vida y alinearlo con sus valores. Un ejercicio tan simple como dibujar un cuadrante y ponerse unas pocas metas puede ser decisivo a la hora de que Claudia vuelva a sentirse protagonista de su propia vida, después de estar mucho tiempo relegada a un papel secundario.

Recuerdo la mañana, cuando trabajaba en Johnson & Johnson, en que un compañero directivo llegó con un atrevido corte de pelo nuevo. Fue la comidilla de toda la oficina, pero a él poco le importó. Se le veía radiante, como nunca lo había estado. Me acerqué a hablar con él y me contó orgulloso que llevaba años queriendo peinarse como lo hacía su padre, pero que no se atrevía por miles de absurdas razones. Su decisión y actitud me inspiraron. «Nunca es demasiado tarde para convertirte en lo que podrías haber sido», afirmaba George Eliot, pseudónimo de Mary Ann Evans. Considerada unas de las escritoras más importantes en lengua inglesa, esta mujer no dudó en vivir la vida que deseó, dinamitando todos los convencionalismos sociales de la época victoriana.

¿Eres quien quieres ser? ¿Cómo te gustaría ser? Quizá desearías ser más comunicativo y asertivo o, por el contrario, desearías ser capaz de mantener el control y dejar de actuar de forma impulsiva. ¿Qué harías y cómo te comportarías si te sintieras completamente libre? ¿Cómo te gustaría vestir y peinarte? ¿Cómo quieres que te vean? ¿Cómo deseas proyectarte? La respuesta satisfactoria a todas estas preguntas debería ser el empoderado «Soy, soy, soy» de Sylvia Plath. Sin más.

De niño me encantaba jugar con los Famobil, ahora llamados Playmobil. Me pasaba horas vistiéndolos y desvistiéndolos según el escenario que quería montar. Les quitaba los sombreros de vaquero y les ponía los cascos de bombero, les quitaba las esposas de policía y les ponía las espadas de guerrero. Nuestra personalidad, como en el caso de estos muñecos de plástico, también recurre a piezas que hemos construido para encajar, para complacer, para sobrevivir. Es necesario prescindir de todas ellas, desnudarse ante el espejo, observar nuestra esencia. En resumen: ser uno mismo es el resultado de haber logrado armonizar la misión, la visión y los valores de nuestra empresa vital, y es el más valiente ejercicio de posicionamiento, quizá el más aguerrido que lleves a cabo nunca. En definitiva, posicionarte y crear tu *Unique Selling*

Proposition, dejar que emerja tu valor diferencial, no es más que conectar con quién eres y mostrarte sin miedo, empoderar tus fortalezas y trabajar tus debilidades, tener la actitud necesaria ante las oportunidades, así como frente a las amenazas. Se suele decir que la fuerza de tus pensamientos y el reflejo de tus acciones son la firma que dejas en este mundo. Tu posicionamiento es también tu legado. En ese sentido, quiero compartir una serie de pautas básicas con el objetivo de que puedas terminar de construir tu propósito de vida con el método EPIC. Me encantan los acrónimos, las reglas, las leyes, las listas y, especialmente, los decálogos. Como Rob Fleming, el protagonista de *Alta fidelidad*, la genial novela de Nick Hornby, tengo debilidad por ordenar y clasificar mi vida y mi actividad profesional haciendo *tops*. Uno de mis preferidos es este:

Los diez principios del Alto Rendimiento Vital (ARV), un decálogo para cultivar el arte de vivir siendo uno mismo.

1. Piensa bien. No te amargues el carácter con pensamientos y actitudes tóxicas. No seas naíf, pero mantente alejado del cinismo.
2. Sé asertivo. Comunícate y di las cosas como son, desde el corazón, con claridad y honestidad.
3. Sé ordenado. No vayas como pollo sin cabeza, profesionalízate en la gestión de ti mismo y planifica tu vida.
4. Sé flexible. Las rutinas y los hábitos nos ayudan a ordenar el caos, pero pueden impedirnos pensar de forma lateral.
5. Sé curioso. Nunca pierdas el espíritu crítico, las ganas de sorprender y ser sorprendido, la ilusión por aprender, la inquietud por seguir siempre adelante.
6. Acéptate tal y como eres. Asume tus complejidades, incoherencias, imperfecciones y vulnerabilidades.
7. Apóyate en tu entorno. Construye con y junto a los demás.
8. Sé agradecido. Ofrece y da sin esperar nada a cambio.

9. Cuida de tu salud y bienestar físico. Haz ejercicio.
10. Mima tu espiritualidad e intelectualidad.

¿Cuántos puntos crees que cumples respecto a este listado? ¿Cuántos cumplen las personas que admiras o has admirado a lo largo de tu vida? Dedica unos minutos a tales reflexiones. Ten presente que, gracias al pensamiento focalizado y posibilista, si conoces todo tu potencial y enarbolas tus valores, si eres tú mismo, no habrá nada que te pare en el camino hacia una vida plena.

Los círculos de confianza: nombra tu consejo de administración

Una vez hayas encontrado el propósito de tu empresa vital, es imprescindible que lo subas a comité. Como toda corporación, el CEO de tu Yo S.L. responde ante un consejo de administración, el órgano representativo de tu familia y amigos, de tu círculo o círculos de confianza.

Tu plan no es solo tuyo, pues en la construcción de tu sueño no estás solo. Tus seres queridos forman parte de él: ya sea cuando te brindan apoyo y consejo, cuando apuestan económicamente por ti o hacen sus particulares renuncias para que tú puedas llevar a cabo tu propósito vital. Quizá tus padres se encargarán de cuidar a los niños después del colegio cada tarde durante un año para que puedas hacer el máster que esperas que te ayude a cambiar de trabajo; tu pareja hará horas extras para redondear el sueldo mientras tú arrancas el negocio que siempre has tenido en mente; o un buen amigo te prestará algo de dinero para realizar juntos ese viaje del que lleváis tanto tiempo hablando. Como toda *startup* o negocio que empieza, todos necesitamos nuestros *business angels*, aquellas personas que apuestan por ti cuando nadie más lo hace. Todos necesitamos de mentores, maestros, consejeros o guías, hombros amigos sobre los que llorar.

Puede que hasta ahora hayas pensado en tu proyecto profesional y personal como en algo propio. Sin embargo, es importante que compartas los planes de tu Yo S.L. con tu entorno más cercano, creando así propósitos comunes. Nadie llega solo a la cima. Siempre hay alguien que acarrea víveres, que espera en el campo base; ha habido entrenadores y preparadores, predecesores en el camino, que han abierto vías. Una parte muy importante de la profesionalización de la gestión de uno mismo es aprender a pedir ayuda cuando la necesites. La familia, la tribu, la comunidad, tu consejo de administración. Son las personas que te importan, que te conocen y en quienes confías, las que te asesoran y aconsejan, y te ofrecerán tanto perspectiva como ánimo. La pionera feminista Concepción Arenal decía que «un hombre aislado se siente débil, y lo es». Sin duda, lo es.

Quiero presentaros ahora un nuevo acrónimo: CERCA (corazón, empatía, respeto, calidad, atención).

CERCA es una metodología para vivir en comunión con el otro, para armonizar las relaciones personales, familiares e incluso profesionales. Como sugiere su nombre, busca acercar a aquellos que nos importan, pues despertarán tu auténtico coraje para trabajar por y para tu empresa vital. Se pone en práctica con una buena dosis de confianza (la base de casi todo) y estas cinco premisas:

— Corazón: no tengas miedo a decir lo que piensas y sientes. Comunícate con claridad y sinceridad.
— Empatía: ponte en la piel del otro y escúchalo atentamente. Trata de entender lo que siente y lo que pretende transmitir, para identificar en qué puedes ayudarlo.
— Respeto: da valor al otro. Respeta las opiniones de los demás, aunque no sean iguales que las tuyas.
— Calidad: dedica tiempo a las personas que quieres. Intenta que el tiempo que pasas con los tuyos sea de calidad. Ha-

bla, interactúa, interésate; que no sea un tiempo muerto y estéril.

— Atención: haz escucha activa y presta servicio al prójimo. Atiende a las necesidades de la gente que te importa, ayúdales cuando lo necesiten sin esperar a que te lo pidan.

Aplicar este sistema a la hora de relacionarte con la gente que te importa te aportará un grado de plenitud enorme. Esto te permitirá profundizar en tus relaciones, a las que les otorgarás un grado de honestidad y trascendencia mucho mayor; adicionalmente, te dará la oportunidad de ampliar y expandir tu círculo de confianza, que posiblemente es más reducido.

¿Por qué es tan difícil hacer amigos y conocer gente nueva en la edad adulta? ¿Por qué, conforme crecemos, perdemos relaciones o dejamos que se diluyan hasta volverse insignificantes? Más allá de que hay personalidades más o menos sociables o extrovertidas, todos hemos sido niños que no han tardado ni dos minutos en hacerse amigos de medio parque a la media hora de llegar, o jóvenes que regresan de madrugada a casa tras aceptar una invitación improvisada a una fiesta. Sin embargo, ya no hay rastro de ellos en nuestras vidas. ¿Qué ha pasado? ¿Por qué en la vida adulta nos sentimos tan solos y nos cuesta tanto abrirnos a los demás?

Según un estudio de la Universidad de Harvard,[12] nuestros círculos de amistades alcanzan su punto máximo a los veinticinco años. Los motivos son variados, aunque el principal es simple: la amistad y la familiaridad requieren tiempo. El *Journal of Social and Personal Relationships* cuantifica[13] en unas cincuenta horas el tiempo necesario para considerar a alguien un amigo casual, noventa para un amigo de verdad y cerca de doscientas para una amistad íntima. Vamos tan rápido que nos falta tiempo para todo, ¡también para socializar! Es lógico que acabemos apostando por las relaciones más cercanas y cómodas. Además, las circunstancias vitales cambian: si tienes hijos, tenderás a salir con parejas con hijos; si te gusta el ciclismo, quizá busques con quién compartir tu afición. Los círculos de confianza se compartimentan y segmentan con la edad. Hay que tener en cuenta, también, que con los años, las decepciones, frustraciones y fracasos en las relaciones con los demás nos llevan a ser reacios a abrirnos al otro. El punto al que quiero llegar es que en la consecución de tu empresa vital es imprescindible que trabajes en equipo. Los resultados serán no solo más positivos, sino mucho más satisfactorios. No hay mayor acicate de la productividad y de la motivación que la colaboración inteligente, coordinada y enfocada hacia objetivos compartidos. Esta es mi experiencia en todos los grupos que he tenido la oportunidad de liderar.

Por todo esto hay que practicar el *networking* vital con el objetivo de expandir tus círculos de confianza. Mostrarte tal y como eres en todos ellos te encaminará hacia la plenitud, permitiéndote abandonar corazas y disfraces. Cuidar de tu red de contactos te enriquecerá de mil y una formas. Te aportará miradas multidisciplinares, opiniones creativas, mayor reconocimiento o simplemente apoyo moral. No tengas miedo de preguntar a tu entorno cómo te ven. Esto te dará pistas e *insights* para construir tu nuevo yo, para trabajar por y para tu propósito. Recuerdo una vez, cuando mis hijos eran pequeños y yo todavía trabajaba como alto directivo en una multinacional, que les pedí que me imitaran. Los dos coincidieron en hacer ver que tecleaban en un ordenador con mucha prisa y cara de pocos amigos, mientras iban diciendo «no» en distintos tonos, cada cual menos amistoso. Aquello me dio información valiosísima sobre cómo estaba actuando en casa. ¿Yo era aquel ser negativo, enganchado al trabajo? ¿Así era como me veían mis hijos? ¿Estaba dedicándoles suficiente tiempo? ¿Era ese tiempo de calidad? Sin duda, su opinión fue clave para mi transformación personal y profesional.

Traigo de nuevo aquí las palabras de la psicóloga Olga Castanyer sobre cómo la asertividad tiene mucho que ver con el respeto y el cariño para con uno mismo, y por ende, para los demás. Vivir según nuestra misión, visión y valores, cuidar de uno mismo, aceptar el inmenso valor que implica simplemente el existir, es también cuidar de nuestro círculo de confianza y de nuestro entorno. Buscar y encontrar nuestro valor diferencial, posicionarnos ante la vida, aprovechar las sinergias formales e informales que nos rodean, con una actitud épica y asertiva, ser nosotros mismos sin ambages, es cultivar al arte de vivir, es elegir vivir.

Aquí estoy. Yo soy.

Aquí estamos. Nosotros somos.

Siempre he transmitido esto a mis equipos: «Posicionamientos genéricos, resultados mediocres». Te invito a que nos pongamos concretos.

En primer lugar, hay que desarrollar la *Unique Selling Proposition* (USP) de tu empresa vital. Céntrate en tres virtudes o valores que te definan. Sé coherente y directo. En este caso, menos es más. Puedes recurrir a las notas del ejercicio anterior sobre tu misión, visión y valores, que te serán de ayuda.

Estos ejemplos que encontrarás a continuación pueden ayudarte en la tarea.

— The North Face es una empresa especializada en productos de deportes de montaña. Su USP es «productos que duran toda la vida». Con este simple lema, la compañía justifica el alto precio de su marca, potencia el compromiso con el cliente, apuesta por la sostenibilidad y se alinea con los valores de seguridad y fiabilidad.

— MediaMarkt, empresa de venta de electrodomésticos y tecnología, apuesta con su conocido «yo no soy tonto» por empoderar al cliente y mostrar su responsabilidad por trabajar para garantizar la mejor relación calidad/precio del mercado en todos sus productos.

Ahora te toca a ti.

— ¿Cuál es tu valor diferencial? ¿Qué te hace único?

En segundo lugar, con la información recibida, realizaremos el ejercicio de la ventana de Johari, una práctica desarrollada por los psicólogos Joseph Luft y Harry Ingham con la que trabajaremos nuestra percepción de nosotros mismos en contraposición con la del otro.

Haz una lista que incluya entre cinco y diez características que consideres que definen tu personalidad. Puedes recuperar las notas de ejercicios anteriores. Luego pide a personas de cierta confianza y con quienes tengas una relación habitual que redacten una lista parecida, con los rasgos que crean que mejor te representan. Una vez tengas toda la información, distribúyela en cuatro cuadrantes. De esta manera:

Área pública: características compartidas entre tu lista y la realizada por los otros.	*Área ciega*: características mencionadas por los demás y que no aparecen en tu lista.
Área oculta: características mencionadas en tu lista, pero no en la de los demás.	*Área desconocida*: características que no encajen en ninguna otra categoría.

Este ejercicio de *feedback*, además de mejorar el vínculo con los demás, te permitirá conocerte mejor, ver en qué aspectos debes trabajar, qué rasgos puedes potenciar y, especialmente, alinear tu yo esencial con tu propósito y valores. Recupera lo trabajado en capítulos anteriores y reflexiona sobre las sinergias existentes. Pregúntate cuál va a ser tu plan de acción.

Tercera parte:

I de Inicio e Inversión.
Toma la iniciativa

«Si tus acciones inspiran a soñar y aprender, eres un líder.»

John Quincy Adams,
presidente de Estados Unidos

6

Pon en marcha tu plan de operaciones

Hace un tiempo coincidí con un antiguo director de ventas de Johnson & Johnson, un muy buen amigo, el hombre que en su momento me entrevistó cuando ingresé en la empresa tras terminar mis estudios. Durante la conversación me recordó nuestro primer encuentro. Me contó que quedó fascinado por mi audacia juvenil, un desparpajo que reflejaba apetito empresarial, una cualidad que bien trabajada es una auténtica catapulta. Lo cierto es que no recordaba los detalles de aquella reunión y quedé sorprendido cuando rememoró que, a la pregunta que me hizo sobre qué cargo deseaba desempeñar en la multinacional, respondí, sin rodeos, «tu puesto». No debería haberme sorprendido tanto, porque cuando entré a trabajar en Johnson & Johnson tenía muy claro a qué aspiraba y cómo lograrlo. Entre muchas otras iniciativas, busqué un mentor, estuve muy pendiente de mi carrera y de los pasos que debía dar para alcanzar mi objetivo, trabajé mis relaciones personales y profesionales, y nunca dejé de aprender y formarme. Me marqué objetivos y metas, apliqué estrategias, me puse hitos que alcanzar: mi futuro ansiado emergió y se convirtió en mi presente. Tenía un plan y, parafraseando a Hannibal de la mítica serie de televisión ochentera *El equipo A*: «Me encanta que los planes salgan bien». Apliqué EPIC y pasé de la inspiración a la acción, de las musas al teatro. Invertí en mí y llegué a ser director de ventas de Johnson & Johnson, el primero de numerosos pasos.

Ahora es tu turno. En esta tercera parte, la I es la letra protagonista: I de iniciar e invertir, y también de tomar la iniciativa. Pongamos en marcha el plan de operaciones de tu empresa vital. Hasta ahora, hemos dedicado tiempo a descubrir quiénes somos, qué queremos, y hemos analizado cómo llevaremos a cabo el plan. Es momento de ponerse a trabajar y medir los resultados.

Actúa en forma masiva, amplía tu ancho de banda.

Nunca infravalores la acción porque sin ella nada funciona. La vida consiste en probar una y otra vez distintas cosas, en actuar incansablemente hasta encontrar lo que funciona mejor, ampliando tu ancho de banda. Más datos, a mayor velocidad. El límite lo pone tu mente, tu saboteador interno. La pregunta que debes tener siempre en la cabeza como CEO de tu Yo S.L., como gestor profesional de ti mismo, es: ¿qué más puedo hacer para mejorar mi capacidad de acción, maximizar mis resultados y aumentar mis beneficios? Al fin y al cabo, vivir tiene mucho de calcular probabilidades, de invertir a pesar de los riesgos, de encontrar el balance entre recursos y ganancias.

A lo largo de mi carrera laboral se me han acercado *headhunters* con ofertas de trabajos que *a priori* podían interesarme. Siempre las he pasado por el tamiz de mi Decálogo del Trabajo Ideal. Tener pensada y conceptualizada —incluso redactada e impresa en papel sobre la mesa— una lista de necesidades y anhelos laborales ha sido de increíble utilidad a la hora de tomar decisiones difíciles. Nunca he considerado ningún empleo que no cumpliera un mínimo de siete de los diez principios que rigen mi propia legislación laboral. Da igual cuál fuera la oferta económica o cuán largo fuera el cargo en la tarjeta de visita: el puesto tenía que cumplir una serie de requisitos. Pienso que seguir este tipo de premisas es una forma de ser fiel a tu misión y visión de vida, pero principalmente es la mejor manera de ser leal a tus valores. Un trabajo no es solo un sueldo o una plaza de parking reservada. La vida tampoco es un mero discurrir del tiempo.

Te invito a redactar los decálogos que creas esenciales en tu vida, desde los más generales a los más concretos. Escribe la normativa interna de tu empresa vital, aquella que rige la actividad de tu Yo S. L. en consonancia con la misión, visión y valores. Como guía o código interno, un decálogo de vida puede funcionar como el borrador del plan de operaciones de tu vida: una hoja de ruta para no perder de vista el horizonte, tus objetivos finales. Veamos algunos ejemplos:

Rodrigo y Blanca buscan un piso para comprar. Llevan meses de búsqueda, pero nada les convence. Hay varios motivos, pero quizá los más importantes son que no logran ponerse de acuerdo entre ellos y que cambian de criterio constantemente. Por esa razón han decidido redactar el Decálogo del Hogar Ideal.

1. El precio no puede superar X euros.
2. No hay presupuesto ni tiempo para reformas importantes, por lo que el piso tiene que estar casi para entrar a vivir.
3. La ubicación debe hallarse en los barrios A o B, o zonas limítrofes a estos.
4. Debe tener ascensor.
5. Debe constar de un mínimo de tres habitaciones.
6. Debe tener dos baños, o un baño y un aseo.
7. La cocina tiene que ser independiente; no aceptamos cocina americana bajo ningún concepto.
8. Debe tener un mínimo de un 60 % del espacio con luz natural.
9. Debe ser un tercer piso como mínimo..
10. Debe tener balcón o terraza.

Con esta lista en la mano, Rodrigo y Blanca han puesto foco real en su búsqueda de piso. Están facilitando la toma de decisiones. Este es un documento que pueden compartir con amigos y conocidos, con agencias y portales inmobiliarios, una manera de maximizar su porcentaje de éxito. Rodrigo y Blanca están actuando, probando distintas cosas de forma creativa y con firmeza. Aquí tienes otro modelo de decálogo.

Sergio tiene treinta y cinco años y quiere cambiar de trabajo. Está harto de la política de jornada presencial de su empresa, en la que parece que se valora más calentar una silla que alcanzar objetivos reales. Encadena reunión tras reunión y se siente frustrado. Le gusta su trabajo y la empresa para la que trabaja, pero desde hace un tiempo está desmotivado. Lleva meses haciendo entrevistas, postulándose para empleos, pero, aunque ha llegado a más de una fase final del proceso de selección, no tiene nada claro el cambio. Le da miedo saltar a otro puesto de trabajo, perder los derechos laborales adquiridos, como la indemnización, por ejemplo, y acabar igual o más aburrido que ahora en un par de años. Teme dejarse seducir por una empresa que ofrezca flexibilidad horaria, pero que a largo plazo no le aporte nada más. Un amigo suyo en su misma situación le ha propuesto que escriba el Decálogo de su Trabajo Ideal, para no tomar ninguna decisión precipitada. Sergio se ha puesto manos a la obra y ha elaborado esta lista:

1. Es vital que el trabajo ofrezca flexibilidad horaria o nuevas fórmulas de organización del trabajo, desde la jornada de cuatro días hasta un modelo laboral híbrido de teletrabajo y jornada presencial.
2. Tengo que poder llegar en transporte público.
3. La empresa tiene que garantizarme capacidad de crecimiento y evolución laboral.
4. La empresa tiene que ofrecerme formación gratuita o financiada.

ELIGE VIVIR

5. Es importante que la gestión del trabajo esté organizada de forma colaborativa.
6. Quiero seguir liderando y coordinando un pequeño equipo.
7. El sueldo tiene que ser igual o superior al actual.
8. Quiero trabajar en una gran empresa o multinacional.
9. Valoraré todo tipo de beneficios sociales que pueda ofrecerme la empresa.
10. La empresa tiene que ofrecerme todo el material de trabajo: teléfono, ordenador, etcétera.

Sergio ha redactado su carta a los Reyes Magos. Es probable que no exista un trabajo que se ajuste como un guante a esta descripción, pero con este ejercicio Sergio está potenciando la posibilidad de encontrar un empleo que cumpla varias de estas características. Puedo estar seguro de ello porque Sergio ha concretado sus anhelos y está actuando; se ha puesto deberes. ¿Por qué no buscar información sobre empresas de gran tamaño, dentro y fuera de su sector —ya que no parece que permanecer en su industria sea un requisito—, con sede u oficina en la ciudad en la que reside? ¿Por qué no ir un poco más allá e indagar cuáles de ellas ofrecen jornadas flexibles o híbridas? Sergio se ha convertido en su propio *headhunter*. Una vez hecho este estudio de mercado, Sergio tiene información valiosísima y segmentada: un hilo del que tirar. ¿Hay ofertas públicas ofertadas por tales empresas en portales laborales? ¿Conoce Sergio a alguien que trabaje en esas mismas corporaciones? ¿Podrían estas mismas personas hablarle más sobre cómo son o sobre si existen puestos vacantes? ¿Podrían recomendarle para un puesto si existiera una oferta disponible? Sergio está soñando a lo grande y pensando en concreto; con foco y estrategia, con un plan de operaciones en marcha. Está trabajando el concepto *funnel* (embudo). Es un término frecuente en marketing digital, que tiene que ver con la captación de un cliente potencial y con todos los estímulos que necesitamos producir para hacerlo. En la consecución de tu propósito de vida, el concepto *funnel* equivale a decir que necesitas poner toda la carne en el asador, como Sergio, que está convirtiendo sus sueños en objetivos.

¿Puedo reinventarme a los cuarenta y virar hacia otra profesión? ¿Cambiar de sector después de tres décadas trabajando en una misma industria? ¿Dejarlo todo y emigrar de ciudad o de país en busca de nuevas oportunidades? ¿Sería capaz de salir de una relación tóxica y afrontar una vida en soledad? ¿Cambiar de hábitos? Sí y mil veces sí. Con foco, propósito y estrategia todo es posible. ¡Método y disciplina!

El éxito de tu propósito y alcanzar tu objetivo transformacional está intrínsecamente relacionado con la creatividad e innovación que apliques en este empeño. Hemos determinado cuál es nuestro propósito o *ikigai*, cuál es nuestra propuesta de valor (USP), cuáles son nuestra misión, visión y valores. Hemos moldeado una nueva y estimulante perspectiva sobre nosotros mismos y nuestra propia vida. Nos hemos convertido en pensadores abiertos y estamos a las puertas del cambio.

Un pensador abierto es una persona que afronta los problemas con respuestas imaginativas, que toma decisiones basadas en ellas y que no duda en ejecutar las acciones pertinentes para implementar soluciones, alcanzar sus objetivos y lograr el cambio.

Todos habréis oído aquella frase que advierte de «que el análisis no te lleve a la parálisis». La acuñó en 1965 el matemático y economista Igor Ansoff, conocido estratega empresarial. No en vano, una de las mayores características de los pensadores abiertos es que actúan libremente y lo hacen porque ponen el foco en aquello realmente importante, sin tener demasiado en cuenta los condicionantes externos o ajenos a la decisión que deben tomar o al propósito que persiguen. Son aquellas mujeres y hombres que logran que el mundo trabaje para ellos. Vamos a ver a continuación cómo lo hacen, cómo convierten lo imposible en posible.

Más gestión estratégica y menos frases motivacionales

En todos los equipos en los que he participado como miembro, y especialmente en todos aquellos que he tenido el honor de liderar, he buscado fomentar siempre la creatividad. Como mentor y *coach* sigo esta misma línea.

Dirigir no es lo mismo que liderar. Para liderar es importante influir y guiar. El liderazgo necesita de compromiso y de confianza, de visión estratégica global a medio y largo plazo. En ese sentido, en 1978, el historiador James McGregor Burns definió el término «liderazgo transformacional», corriente que posteriormente desarrolló a lo largo de los años ochenta el psicólogo Bernard M. Bass, especializado en comportamiento organizacional. Tanto Burns como Bass, así como otros expertos, coinciden en precisar que un buen líder es aquel que inspira y motiva, colabora y permite el crecimiento. Es una definición que comparto y, desde la mayor humildad, he intentado practicar.

En mi extensa experiencia empresarial he aprendido que trabajar con un equipo competente y comprometido no es cuestión de suerte, ni de pagar más que nadie, ni de dar las órdenes adecuadas o de desarrollar técnicas sofisticadas de *management,* sino más bien de confianza y respeto mutuos. Rodéate de gente de talento y permíteles brillar. Ofréceles el escenario adecuado y déjales ejercer su papel. El líder transformacional, como bien indica la propia palabra, busca ejercer el cambio a través de la creatividad y la empatía. El buen líder no teme buscar soluciones alternativas; es flexible, felicita y comparte los buenos resultados, confía en los suyos, acompaña, se alegra de los triunfos de los demás, busca el crecimiento personal y colectivo, empodera. Tú también posees esta misma capacidad transformacional en tu interior. Estás en contacto con el poder del cambio. Tú eres el buen líder. El CEO de tu empresa vital está listo para ejercer el liderazgo adecuado. Se trata de permitirle brillar.

Dirige tus pasos con la gestión OGSM y los objetivos SMART

Voy a usar un par de términos más técnicos que proceden del mundo anglosajón. Se trata de dos siglas que resumen dos sistemas de trabajo extremadamente provechosos en el momento de concretar el plan de operaciones de tu empresa vital.

El OGSM, sigla que responde en inglés a *Objectives*, *Goals*, *Strategies* y *Measures* (objetivos, metas, estrategias, métricas), es un documento de planificación y ejecución empresarial, una útil e importante herramienta de *management* que, aplicada a la gestión de ti mismo, puede multiplicar por cien tus posibilidades de éxito. Junto al resultado de lo que hemos trabajado sobre la misión y visión de tu empresa vital, espero que este marco sea la llave maestra lista para abrir de par en par la puerta tu nuevo futuro.

Tan importante es a nivel empresarial este modelo de gestión que en Johnson & Johnson llegamos a hacer tazas de desayuno con un resumen del OGSM del Departamento de Ventas para que todos los trabajadores lo tuviéramos presente cada mañana mientras arrancábamos el día. Tener bien definido el plan de operaciones permite a las organizaciones compartir a nivel global su visión y misión, sus valores, para que todos sus miembros trabajen conjuntamente, alineados unos con otros, con un compromiso y un fin claros.

Su creador fue Peter Drucker, economista que después de la Segunda Guerra Mundial introdujo en la dirección y gestión empresarial la corriente de los fines compartidos. Drucker teorizó sobre la importancia de vincular las metas de la corporación con las de los propios empleados. Lo que solemos expresar como remar todos a una. Tal método tuvo su prueba de fuego (¡y menuda prueba!) durante el conocido programa espacial Apolo, de la NASA, en la década de 1960, en el marco de la carrera espacial de Estados Unidos con la Unión Soviética durante la Guerra Fría. Se testó en el que, probablemente, sea uno de los objetivos compartidos más relevantes de la historia de la humanidad: llevar a un hombre a la Luna. De este modo, con un mismo fin compartido, manifiesto y definido, desde el vigilante del parking de Cabo Cañaveral hasta el astronauta Neil Armstrong formaban parte de una poderosa y transformadora ilusión colectiva: la de participar en un plan en el que todos tenían un papel que cumplir, que les transcendía y que les hacía sentir útiles y relevantes. Cuentan que, en 1962, el presidente de Estados Unidos John F. Kennedy visitó una de las instalaciones de la NASA en pleno desarrollo del programa Apolo. Ese día, en un pasillo, se encontró con un conserje limpiando. «Hola, soy John Kennedy. ¿Qué está usted haciendo?», le preguntó. A lo que el conserje respondió con gran seriedad: «Estoy ayudando a llevar a un hombre a la Luna». No sé si la anécdota será cierta o no, pero ilustra esta idea a las mil maravillas.

Trabajar tu propósito a través de un plan OGSM te permitirá poner el foco en aquello que realmente quieres y ser tremendamente eficiente. Esta técnica organizacional está muy ligada al pensamiento Lean, una corriente que busca maximizar el valor añadido, es decir, explotar al máximo todo aquello que genera mayor valor a nuestra empresa —a ser posible, con el mínimo gasto de recursos—, así como minimizar o deshacernos de todo aquello que no nos aporta nada. Más adelante hablaremos de productividad y gestión del tiempo, pero el concepto es el mismo: potenciar la productividad, la eficacia y la calidad en favor de la consecución de tu propósito. Poner toda la carne en el asador: trabajo, disciplina y método.

Desgranemos la sigla OGSM para conocer un poco más sobre esta técnica de gestión por objetivos:

En primer lugar, tenemos los objetivos (*Objectives*). En nuestro caso estarán ligados al propósito de nuestra empresa vital y tienen que ser ambiciosos. Hay que soñar a lo grande y pensar en concreto. Toda meta debe ser específica y factible. Por ejemplo:

Carla quiere alcanzar un codiciado puesto en la alta dirección en una importante empresa y lograr un sueldo anual de seis cifras. Sin embargo, Carla, de veintitrés años, se acaba de licenciar y es probable que tenga que esperar algunos años para lograr su objetivo. Por muchos títulos nacionales e internacionales que haya acumulado en sus años de estudio, necesita también ganar experiencia. Por eso, aunque su propósito es razonable y específico, no es factible a corto plazo.

Esto nos lleva al segundo elemento de esta sigla: las metas (*Goals*). Consisten en la materialización de los objetivos en indicadores de rendimiento, una especie de subobjetivos que se imbrican en el objetivo principal, que lo dotan de mayor concreción y especificidad, de mayor foco. Para seguir con el ejemplo anterior:

Quizá es cierto que Carla no puede alcanzar su objetivo ahora, pero sí a largo plazo, si se aplica disciplinadamente. Puede marcarse como meta ocupar un puesto de importancia en un departamento clave antes de que transcurran tres años y, antes de cinco, dirigirlo.

Para ello necesitará de estrategias (*Strategies*), el tercer elemento de esta sigla. Las estrategias describen cómo llevar a cabo tales objetivos y metas.

Carla ha pactado un plan de carrera con el departamento correspondiente, ha buscado un mentor que la ayude en la promoción interna, está trabajando y haciendo una intensa actividad de *networking*, tiene idea de formarse específicamente en áreas concretas en los próximos años, entre otras cosas.

El plan de operaciones de Carla es ambicioso y requerirá de tiempo, esfuerzo, dedicación y sacrificio. Es probable que tenga crisis, que desfallezca o que pierda el rumbo en algunos momentos. De ahí la importancia del cuarto y último elemento del documento OGSM: las métricas (*Mesures*) o métricas. Son las medidas cuantificables y trazables que nos permiten chequear y validar la ejecución del plan estratégico respecto a los objetivos y metas definidos. Carla tiene que ponerse *checkpoints* para no perder el foco de su objetivo, sentir que avanza y saber que camina hacia su destino.

Antes de ofrecer algún ejemplo más, quisiera compartir algunos consejos basados en mi propia experiencia sobre cuál es la mejor manera de crear el plan de operaciones de tu empresa vital:

— Un OGSM debe ocupar una sola página y resumir la estrategia de tu Yo S.L. a medio y largo plazo. Debe ser un documento flexible, que se pueda revisar a medida que ejecutemos el plan, chequeando resultados. Analizaremos en todo momento la viabilidad y rentabilidad del proyecto por si fuera necesario redirigir todo nuestro esfuerzo táctico en la dirección adecuada y lograr así las metas marcadas en un inicio. Es decir, no te obsesiones. Un OGSM no es un texto sagrado. Está vivo y evoluciona junto a ti. Considéralo tu navegador o GPS vital.

— No hay que ponerse una lista de objetivos interminable. Sé realista y empieza poco a poco. No agregues más de cinco elementos en cada cuadrante ni elabores un plan a veinte años vista. Haz subdocumentos con subobjetivos para trabajar por áreas, como si se tratara de departamentos. Perder treinta kilos no es una tarea que se complete en un año. Requiere de un trabajo holístico, pues no se trata solo de adelgazar, sino de cambiar hábitos en nuestra nutrición, ocio, descanso o movilidad.

— Todo objetivo y toda meta tienen que ir siempre de la mano de una estrategia. Este es el llamado enfoque *What-by-How*[14] (Qué-por-Cómo): ¿qué es lo que queremos lograr? ¿Cómo lo queremos lograr? Sin él es probable que acabes dando vueltas en círculo como pollo sin cabeza.

— En relación a la medición de resultados, trabajar con los famosos KPI o indicadores claves de desempeño no significa que sucumbas al dictado de una hoja de Excel. No se trata de vivir a golpe de estadísticas, probabilidades y cálculos de rentabilidad. El documento OGSM tiene que ser un aliado.

— Para terminar, a veces es útil dejar en claro tanto las acciones e iniciativas que sí queremos llevar a cabo como las que no estamos dispuestos a realizar. Por ejemplo, aunque hayamos tomado la decisión de multiplicar nuestras fuentes de ingresos para obtener recursos económicos extra que nos permita llevar a cabo un negocio personal, es probable que existan líneas rojas. Por ejemplo, que jamás venderemos la casa del pueblo. Aunque solo vamos unos días al año, fue el hogar durante generaciones de nuestra familia y no estamos dispuestos a desprendernos de ella. Tener claras las vías que no exploraremos nos focaliza en otras propuestas y soluciones, y evita que perdamos el tiempo.

Veremos ahora que el ejercicio OGSM, al igual que todas las tareas propuestas en este libro, debe seguir y respetar los objetivos SMART. Se trata de criterios coetáneos de la gestión OGSM. Aunque fueron popularizados por el mismo Drucker y rápidamente asociados a su metodología y técnica, fueron definidos por George T. Doran. En 2003, Paul J. Meyer los amplió. Este acrónimo está compuesto por cinco palabras en inglés: *Specific*, *Measurable*, *Achievable*, *Relevant* y *Timely*.

Los objetivos SMART deben ser específicos (*Specific*). Hemos hecho referencia a esto cuando hablábamos de soñar a lo grande pero trabajar con los pies en la tierra. Abraza el sentido común. Para que la gestión OGSM funcione es importante que concretes tus objetivos. ¿Qué te suena mejor?

- Quiero ganar más dinero vs. quiero lograr un aumento de salario del diez por ciento antes de un año.
- Quiero estar más delgado vs. quiero perder cinco kilos y ponerme en forma antes de tres meses.

— Quiero cambiar de puesto de trabajo vs. quiero lograr una promoción interna en los próximos tres años.
— Quiero mudarme vs. quiero comprarme un piso en tal ciudad y por este precio antes de final de año.

De nada sirve que nos propongamos deja de fumar si no decidimos qué día lo haremos o si pretendemos hacerlo durante la temporada de exámenes o en plena entrega de un proyecto importantísimo. No nos autocondenemos al fracaso. Ser específico no es fácil. Date tu tiempo. Quizá te ayude hacerte preguntas poderosas. Otra manera muy eficaz de concretar objetivos es realizar un pequeño interrogatorio:

— ¿Qué quiero lograr?
— Aparte de mí, ¿quién más está involucrado en este objetivo?
— ¿Dónde y/o cuándo quiero lograrlo?
— ¿Por qué quiero lograrlo?
— ¿Existen obstáculos o limitaciones de inicio para lograr este objetivo?

Los objetivos SMART deben ser medibles, es decir, cuantificables. ¿Cómo sabrás que lo has logrado si no sabes qué implica lograrlo? Si mi objetivo es ponerme en forma y empiezo a hacer ejercicio, puede que vea que pierdo peso o que subo las escaleras sin perder el aliento. Sin embargo, inscribirme en una carrera popular puede ofrecerme muchos beneficios: desde tener una prueba medible de que he alcanzado mi objetivo hasta una tener una motivación para llegar a él, pasando por una recompensa pública por haber logrado alcanzarlo.

Los objetivos SMART tienen que ser alcanzables. Tenemos que ser ambiciosos, pero también realistas. La vida nos pone límites. Mi intención ha sido invitarte a que no seas tú quien se imponga esos límites, pero que hay límites, los hay. Por ejemplo, por mucho que a mí me guste la música, por mucho que disfrute cantando con mis amigos del colegio en una banda que hemos montado, nunca seré cantante profesional ni me ganaré la vida con ello. No tengo el talento ni las aptitudes necesarias, ni mi entorno me acompaña, ni tan siquiera tengo el anhelo real de hacerlo. En un primer momento, podría haber creído que, como cantar me hacía feliz y como mi música también hacía sentir bien a los demás, ese era mi propósito. Sin embargo, EPIC me permitió entender que mi misión y visión, que mi propuesta de valor, navegaban en otra dirección y se conjugaban mejor con aquello por lo que la sociedad estaba dispuesta a pagarme y lo que yo le podía aportar.

Los objetivos SMART tienen que ser relevantes (*Relevant*). En línea con el ejemplo anterior, todo objetivo tiene que ser importante para nosotros mismos. De lo contrario, no lograremos sostenerlo en el tiempo. Si no está arraigado en nuestra misión y visión y alineado con nuestros valores, caerá en el saco de los propósitos fallidos. ¿Por qué quieres adelgazar realmente? Si es solo por la necesidad de cumplir con los estándares de belleza que ves en Instagram, te será complicado resistir las tentaciones, afrontar los retos, superar las crisis. Si, por el contrario, persigues un objetivo mayor, como es estar sano y en forma, si lo que deseas es consolidar una serie de hábitos saludables, seguramente tendrás más probabilidades de éxito y quizá perder peso sea la menor de tus preocupaciones.

Tienen que ser objetivos con un tiempo definido (*Timely*), es decir, con una fecha de inicio y una de fin. De lo contrario puedes caer fácilmente en la procrastinación o ser víctima inconsciente de tus saboteadores internos.

Desde bien joven tenía claro mi propósito: dedicar mi vida a aquello que me apasionara, que llenara realmente mi vida. Sin embargo, tardé una década en poner en marcha mi plan por la ausencia de *timings* reales.

Dejemos la teoría y pasemos a la práctica. Veamos algunos ejemplos:

Jimena siempre ha soñado con estudiar en el extranjero. Desde que se licenció en Biología ha estado ahorrando una parte de su sueldo como investigadora para una fundación privada para realizar un posgrado o un máster en Estados Unidos. Va a elaborar un documento OGSM, un plan de operaciones para alcanzar su meta, pero quiere analizar si su objetivo es SMART:

- Tiene un objetivo específico: necesita ahorrar 20.000 euros antes de dos años para hacer frente al pago de la matrícula del curso, así como a su estancia de un año.
- Tiene un objetivo medible: cada mes aparta una porción de su sueldo y realiza trabajos extras para aumentar con mayor rapidez el monto que necesita ahorrar.
- Tiene un objetivo alcanzable: entiende que para lograrlo tiene que hace muchas renuncias, pero está dispuesta a hacerlas y ve todos los pasos viables.
- Tiene un objetivo relevante: sabe que realizar un curso así no solo será una experiencia personal de gran calibre, sino que le reportará seguramente importantes beneficios profesionales.
- Tiene un objetivo restringido en el tiempo: ha hecho cuentas y sabe que en dos años puede ahorrar la cantidad que necesita.

No olvides que tu futuro será proporcional al esfuerzo que pongas en él. Un estudiante tiene que dedicar horas de estudio si quiere sacar una buena nota en un examen; un deportista debe entrenar duramente si ansía subir al podio; un escritor necesitará emborronar muchas páginas antes de sacar adelante una novela. Quizá un talento innato o unas condiciones favorables puedan llevarte a lo más alto de forma rápida y eficaz, pero el virtuosismo necesita dedicación. Cuando somos testigos de un triunfo, solo vemos la punta del iceberg; debajo de la superficie están los sacrificios, las renuncias, las decepciones, los fracasos, en definitiva, el enorme trabajo que hay detrás.

No abogo en favor de la tiranía del mérito. La suerte es una variable que tiene mucho que decir en este algoritmo. No hago un alegato simplista e infantil del tipo «si quieres, puedes». Hemos hablado de la importancia de pensar en concreto, de trabajar el pensamiento focalizado y posibilista, de potenciar nuestra actitud positiva, de ponernos retos alcanzables y realistas. Existe la posibilidad de que nunca puedas ganar una medalla olímpica, tocar el violín en una orquesta sinfónica de primer orden o erigir un negocio millonario. Los motivos son infinitos y, como hemos visto, la mayoría no los podemos controlar. Lo que yo te propongo es que en el juego de la vida llegues al partido con todos los recursos posibles: una buena estrategia, el mejor equipo que hayas podido reunir y la energía necesaria para saltar al terreno de juego y salir a ganar, así como la actitud necesaria para volver al campo tras una derrota, las veces que sea necesario. Con foco, empuje, un plan y una metodología no hay nada que pueda pararte en tu camino hacia una vida plena y satisfactoria.

Hagamos juntos un modelo OGSM para ver concretamente en qué consiste esta dirección y gestión profesional del propósito o propósitos de nuestra vida:

Julia es abogada. Trabajó durante varios años en un importante bufete de su ciudad hasta que se quedó embarazada de gemelos. Un parto prematuro y las secuelas que este dejó a sus pequeños la apartaron del ejercicio de su profesión durante los tres primeros años de la vida de los niños, pues necesitaron de cuidados especiales. En unos meses sus hijos empezarán el colegio y Julia cree que ha llegado el momento de reincorporarse al mundo laboral. Tiene la oportunidad de regresar a su antiguo bufete, pero antes quiere explorar todas las posibilidades, pues la mueven dos intereses que en su antigua empresa, bastante tradicional, no puede cubrir: por un lado, un puesto que le permita conciliar vida familiar y laboral, por otro, que esté en línea con el activismo ecologista, una actividad que Julia siempre ha practicado, pero que desde que es madre siente como una obligación para con las generaciones futuras. Julia tiene un plan y ha elaborado el siguiente documento OGSM para encontrar un trabajo antes de un año.

Objetivo	Metas	Estrategias	Métricas
Encontrar un trabajo en el ámbito de la abogacía	Antes de un año.	Dedicar dos horas diarias a rastrear empleos en plataformas y a la preparación de entrevistas.	Lograr un mínimo de una entrevista/ contacto a la semana.
		Contactar con antiguos compañeros de estudios y trabajo para informarlos de que estoy buscando trabajo.	
		Contratar los servicios de un *headhunter*.	
	En una empresa u organización con vocación ecologista.	Abrir una vía de investigación para saber si dentro de mi antigua empresa podría desarrollar este perfil.	Solicitar formar parte de este departamento, si existiera / Redactar una propuesta para crear ese departamento, que ella pudiera implementar.
		Listar y buscar información sobre las empresas con este perfil en las que le gustaría trabajar.	Averiguar si hay vacantes disponibles / Ofrecer mis servicios o propuesta de creación de área.
		Hacer *networking* para encontrar conocidos que trabajen en esas empresas.	
	Con políticas claras de flexibilidad horaria y conciliación trabajo/ familia.	Explorar la posibilidad de volver a mi antigua empresa con un horario flexible.	Pactar una propuesta de compromiso de un horario flexible.
		Listar y buscar información sobre las empresas con este perfil en las que me gustaría trabajar.	Averiguar si hay vacantes disponibles / Ofrecer mis servicios o propuesta de creación de área.
		Hacer *networking* para encontrar conocidos que trabajen en esas empresas.	

Un ejemplo más:

Lucas arrastra un déficit de sueño desde hace mucho tiempo, agravado ahora por una crisis de insomnio. Duerme poco y mal. Ha acudido al médico y este le ha ofrecido medicación, pero a la vez le ha instado a mejorar sus hábitos nocturnos. Lucas ha decidido crear un plan de operaciones para los próximos seis meses.

Objetivo	Metas	Estrategias	Métricas
Establecer hábitos de sueño saludables.	Dormir un mínimo de seis horas diarias, seguidas, los siete días de la semana.	Dejar al menos un par de horas entre la cena y el momento de ir a la cama.	Puntuar en un gráfico creado a estos efectos, del 1 al 5, la consecución de estos hábitos.
		Evitar ciertos alimentos excitantes.	
		No acostarme más tarde de la medianoche.	
		Minimizar el uso de pantallas a partir de las 22 h. No usar el móvil en caso de desvelo durante la noche.	Llevar un diario de sueño en el que reflexionar sobre las dificultades de adquirir estos nuevos hábitos.
		Leer entre quince y treinta minutos en la cama, antes de acostarme. Leer en caso de desvelo durante la noche.	
		Comprar un despertador que imita el amanecer natural.	

ELIGE VIVIR

Jimena y Lucas acaban de crear el plan de operaciones de su futuro, han puesto el propósito de su empresa vital a trabajar. Se han profesionalizado en la gestión de sí mismos. Ahora es tu turno.

En tu cuaderno de pensar, realiza tu plan estratégico OGSM. Recupera toda la información que has recabado hasta aquí y tenla a mano para:

— Marcar tu objetivo principal.
— Definir las metas necesarias para alcanzarlo.
— Crear las estrategias convenientes para logarlo.
— Concretar los hitos relacionados a tu propuesta.

Objetivo	Metas	Estrategias	Métricas

Recuerda definir tu objetivo a partir de la metodología SMART:

— ¿Es un objetivo específico?
— ¿Es un objetivo medible?
— ¿Es alcanzable?
— ¿Es relevante?
— ¿Está acotado en el tiempo?

Cuando lo hayas finalizado, retoma el ejercicio de la línea de la vida que hicimos en el capítulo 3.

— ¿Crees que tus objetivos y tus planes de futuro están en línea con lo que trabajaste en ese ejercicio?

— ¿Tienes claro cómo quieres que sea el futuro de tu línea de la vida?

— ¿Está acorde con tu OGSM?

Aprovecha ahora que has interiorizado los objetivos SMART para evaluar si los otros ejercicios siguen estas premisas. En caso contrario, ajusta y aplica los cambios que creas necesarios en la dirección de tu plan de acción.

7

Elabora tu plan financiero a largo plazo

Profesionalizarte en la gestión de ti mismo, ponerte a trabajar por y para tu Yo S.L., también implica cuidar de tu salud financiera. Es personal y es un negocio. Todo plan de operaciones necesita capital para alcanzar sus objetivos. Por eso, desde el emprendedor autónomo hasta la más importante multinacional elaboran presupuestos, controlan gastos, reinvierten beneficios, crean muros de contención o estrategias de ahorro, entre otras actuaciones financieras. Ha llegado el momento de sacar a bailar al Departamento Financiero; como CEO, está en tus manos lograr la mayor rentabilidad de los activos de tu empresa vital.

Ese anhelado proyecto que tienes entre manos —el máster que te ayudará a conseguir el trabajo que deseas o la apertura del negocio de tus sueños— tiene un coste o requiere financiación. También necesitas recursos para vivir con desahogo. Trabajar una estrategia financiera basada en la planificación, la diversificación y el ahorro es la llave del cofre del tesoro: la oportunidad de disfrutar de la vida que deseas y mereces. Groucho Marx decía que el dinero no puede comprar la felicidad, pero te permite elegir tu propia forma de desgracia. En ese mismo sentido, el dramaturgo irlandés Sean O'Casey tampoco creía que una cuenta corriente abultada pudiera salvarte de nada, pero sí que calma bastante los nervios. Todos hemos oído, también, confesiones de ganadores de la lotería que aseguran que si pudieran volver atrás, no aceptarían el premio, o historias de emprendedores convertidos en millonarios de la noche a la mañana que, al poco, han acabado arruinados y sumidos en una depresión. El dinero en sí no es más que una herramienta, un recurso necesario no solo para la supervivencia sino también para desarrollar nuestros objetivos y metas.

Necesitas un plan B

Todos creemos saber cómo ganar dinero y cómo emplearlo, aunque no sea siempre cierto. Un trabajo fijo puede brindarte cierta sensación de seguridad, porque cada final de mes recibes tu nómina y porque, en caso de despido, puedes obtener una prestación por desempleo. Sin embargo, poner todos los huevos en la misma cesta no es la mejor estrategia. Lo sabemos, y sin embargo, muchos de nosotros trabajamos o hemos trabajado en algún momento por cuenta ajena, dejando que el cien por cien de nuestro sustento dependa de un tercero. Según el Instituto Nacional de Estadística, en España en 2021, cerca de quince millones de trabajadores eran asalariados y poco más de tres millones estaban tipificados como autónomos. Esta cifra no refleja lo diversificadas que tienen sus finanzas unos u otros; simplemente certifica la idea de que para la mayoría un contrato de empleo indefinido que cubra las necesidades básicas de forma estable y recurrente nos basta para sentirnos protegidos.

Sin embargo, como veíamos a principio de este libro, nada es seguro, seríamos incautos si así lo creyésemos. Poner toda la responsabilidad de nuestra supervivencia económica en el otro nos aleja de nuestro propósito, nos desvía más y más de la vida plena y satisfactoria que ansiamos y, especialmente, nos distancia de nuestro auténtico yo, de nuestra esencia. No estoy diciendo que el trabajo asalariado sea un fraude ni nada por el estilo. Quiero dejar en claro la importancia de tener un plan o planes B, rutas alternativas. El camino hacia tu propósito es largo y está lleno de escollos, curvas sinuosas, terrenos pantanosos o simplemente imprevistos. Para ejercer el liderazgo transformacional que deseamos, ser nosotros mismos y cumplir con todo aquello que anhelemos a lo largo de nuestra vida, tenemos que ser capaces de generar opciones nuevas, escenarios distintos, pues solo a través de ellos lograremos elegir libremente. El *coach* Tony Robbins lo explica de maravilla en *Dinero: domina el juego*: «Ya somos comerciantes financieros. A lo mejor no lo vemos así, pero si trabajamos para ganarnos la vida estamos comerciando con nuestro tiempo, que vendemos por dinero. Y, francamente, es el peor intercambio que podemos hacer. ¿Por qué? Porque siempre podemos ganar más dinero, pero no más tiempo».

Mi recomendación es que para encaminarte hacia este destino te profesionalices en la gestión de tus finanzas personales. Una primera práctica es aplicar a la economía de tu empresa vital la regla del 60/40. Según ella, solo el sesenta por ciento de tus ingresos debe proceder de una misma fuente, el cuarenta restante debería estar lo más diversificado posible. Por ejemplo, si trabajas para un tercero, tu sueldo debería representar un máximo del sesenta por ciento de tus entradas de dinero mensuales y/o anuales; el resto debería proceder de tu plan B o, mejor dicho, de tus planes B, pues a su vez este plan B debería regirse de igual forma por la regla del 60/40.

El objetivo de tal regla es convertirte en dueño de tus propias finanzas. Esto no significa que te pongas a emprender al más puro estilo Silicon Valley, que abras un negocio o simplemente que te dediques a buscar el siguiente «pelotazo». La idea de la diversificación financiera gira alrededor de la importancia de invertir en ti, de hallar la mayor rentabilidad de los activos de tu Yo S.L., de crear el ansiado colchón económico que te permita realmente vivir según el dictado de tu líder interior: saber que estás realmente *cubierto* te incita a abrir la mente a nuevas posibilidades, por descabelladas que sean; saber que tienes una pequeña red de seguridad te lleva a correr más riesgos. El dinero compra tiempo, libertad y paz.

Antes de seguir adelante, definamos qué es y qué no es un plan B para que no haya confusiones. Un plan B no es quedarse sin trabajo y montar un bar con algunos ahorros y la capitalización del desempleo. Un auténtico plan B es un plan operativo que, en caso de necesidad, te permita cubrir los gastos básicos de tu vida, es decir, pagar el alquiler o la hipoteca, hacer frente a las facturas... Un plan B debe generar dinero de forma recurrente como para sostenerte a ti y a los tuyos durante un tiempo limitado en caso de que el plan A falle o de que quieras desprenderte él. Es una especie de renta vitalicia en el banquillo, a la espera de que la saques a jugar.

> Álvaro adora viajar. Cada año, junto a su pareja Amalia, a la que conoció en una de sus escapadas, emprende todo tipo de aventuras. Sin embargo, sus andaduras alrededor del mundo deben ajustarse a los días festivos, puentes o vacaciones, casi siempre en agosto; y ambos ansían, antes de formar una familia y asentarse, pedir una excedencia del trabajo y viajar durante un año. Con este propósito muy claro en mente, desde hace algún tiempo, Álvaro y Amalia se han puesto a trabajar para concretar su sueño: lo primero que hicieron fue calcular el dinero necesario e idear un plan operativo con objetivos y estrategias concretas para alcanzarlo. Como es lógico, empezaron a ahorrar parte de su sueldo, pero rápidamente vieron que, si querían lograr su meta con cierta rapidez, necesitaban ingresos extras recurrentes. Eso los llevó a analizar sus finanzas y a tomar una serie de decisiones.

Álvaro y Amalia han concretado su sueño, le han puesto una cifra, lo han monetizado. Esto les permite saber no solo el dinero que necesitan para materializar su proyecto de dar la vuelta al mundo, sino también establecer cuál es su tasa metabólica basal —en biología, esta expresión se refiere a la cantidad energética que necesita tu cuerpo en reposo para sobrevivir—, es decir, la cantidad mínima mensual y/o anual que necesitan para vivir. Tener claro qué cantidad de dinero precisan mensualmente para cubrir sus necesidades básicas arroja luz sobre la cantidad de dinero que pueden ahorrar o invertir en dicho sueño. Es tan simple como tanto entra, tanto sale, tanto queda. Estas sumas y restas han permitido a Álvaro y Amalia poner en marcha su plan de acción: el presupuesto de su empresa vital, la formulación anticipada de ingresos y gastos, ha puesto las bases del que será el plan financiero de su propósito. Actuar es concretar.

En el caso de que todavía no tengas claro cuál es tu propósito de vida o estés trabajando en ello, calcular la cifra de tu gasto metabólico basal puede ayudarte a ponerle el cascabel al gato, pues inevitablemente surgen distintas preguntas poderosas a las que hacer frente y que pueden iluminar el proceso:

— ¿Qué necesitas hacer para lograr tu renta mínima?
— ¿Cómo te haría sentir saber que tienes ese dinero en el banco?
— ¿Qué harías si dispusieras de esa cantidad?
— ¿Qué harías si pudieras ahorrarla o invertirla?

Otra ventaja de conocer con exactitud la cifra metabólica basal de tu empresa vital no solo es poner en marcha un o unos planes B, sino hallar paz. Generar una cantidad mínima de dinero por ti mismo, sin depender de un tercero, tiene una consecuencia directa e inmediata: vivir tranquilo, y dejar de estar pendientes de una nómina que nos aterra perder. Por eso, poner un plan B a trabajar para ti es una inversión de futuro, no solo económica, sino espiritual. En la medida en que dejamos de tener miedo, nos permitimos fluir: quizá no aceptaremos ciertos tratos o condiciones en el trabajo, tal vez decidamos correr mayores riesgos en un negocio o apostemos por formarnos o reciclarnos profesionalmente, o simplemente tendremos la opción de volver a empezar. El simple ejercicio de ordenar tus finanzas, de reflexionar sobre ellas, es revelador, porque cualquier acción que tomes, desde invertir en ti hasta iniciar un proyecto, implican poner el foco en ti.

Puede que te preguntes con cierto escepticismo cómo vas a duplicar tus ingresos si apenas llegas a final de mes, si siempre hay gastos extras a los que hacer frente: una nevera que se estropea, una visita al dentista, un multa de tráfico, ropa nueva para los niños que crecen demasiado rápido. ¿Cómo no ya invertir, sino ahorrar?

Este es el momento en el que entra en acción tu liderazgo transformacional, tu misión y visión, tus valores y propuesta de valor, tu Actitud Permanente de Conquista. Ahí entras tú. ¿Qué aptitudes o actitudes tiene tu Yo S.L. que puedan generar valor económico? ¿Qué puedes hacer nuevo o distinto, que te permita ampliar tu ancho de banda? ¿Qué capacidades, opciones y escenarios pueden marcar la diferencia? Volvamos al ejemplo de Álvaro y Amalia, y su sueño de dar la vuelta al mundo:

Álvaro y Amalia se pusieron a trabajar para apartar cada mes una cantidad específica de dinero durante un lapso acotado de tiempo. Primero analizaron sus gastos mensuales y fijaron una cifra máxima de ahorro mensual, que ingresaron en una cuenta separada, a la que también iban a parar las ganancias generadas más allá de sus sueldos. Ambos habían hecho un ejercicio previo en el que se preguntaban dónde y cómo podían generar rentas extraordinarias. Tras un estudio concienzudo y de llamar a distintas puertas, Álvaro, que habla con fluidez varios idiomas, empezó a dar clases particulares y a realizar todo tipo de pequeños trabajos relacionados por las tardes y los fines de semana; por su parte, Amalia ideó una retribución extra cuidando de los animales de compañía de los vecinos, para quienes también realiza encargos y servicios a domicilio.

ELIGE VIVIR

La cuestión es detectar oportunidades, generar escenarios. Dostoyevski definió el dinero como «libertad acuñada». Sin duda, el dinero no da la felicidad, pero sí compra posibilidades para ser feliz, pues te brinda la coyuntura necesaria de ser dueño y señor de ti mismo: de tu fuerza, de tu tiempo, de tu presente y futuro.

Jorge es dibujante y trabaja en una imprenta. Desde hace varios años el cien por cien de sus ingresos anuales se reparte a casi partes iguales entre su sueldo y la venta de sus ilustraciones por internet. Durante la crisis de 2008, después de pasar mucho tiempo buscando trabajo, Jorge encontró un puesto en una imprenta fuera de la ciudad. Como necesitaba un coche para trasladarse hasta allí, se compró uno con unos ahorros y un préstamo que fue devolviendo poco a poco. Para hacer frente a estos pagos bancarios y necesitado de ingresos extra, puso a trabajar su imaginación. Probó varias opciones sin éxito hasta que un día recibió un mensaje privado en su cuenta de Instagram, que había ido alimentando con sus dibujos e ilustraciones mientras había estado sin empleo. Un usuario de la red social le preguntaba si sus diseños estaban a la venta. Empezaron a estarlo desde ese momento. Nació así una oportunidad nueva de negocio. Con ayuda de algunos familiares y amigos, tomando como modelo otros perfiles parecidos al suyo, Jorge dio un aire más profesional a sus perfiles sociales, ofreció sus creaciones y servicios personalizados y encargos. Con el paso del tiempo los pedidos aumentaron. Jorge reinvirtió les beneficios y montó una página web, se informó sobre gestión digital, etcétera. Con los años, lo que empezó como una afición se ha convertido en una fuente de ingresos extra, en un plan B, que permite a Jorge vivir desahogadamente.

No es un golpe de suerte, es planificación. Deja de procrastinar y de poner excusas. Pregúntate: ¿cómo puedo obtener un cuarenta por ciento más de ingresos —recuerda la ley del 60/40— de una manera recurrente y diversificada? Pregúntatelo en serio y piensa. Concreta. Arriesga. Pon tu dinero a trabajar. Así como decíamos que debes lograr que el mundo trabaje para ti, debes lograr que el dinero trabaje por ti.

Desde bien joven he cuidado con mucho cariño de mis finanzas, añadiendo filas al Excel de mi plan «Compra de libertad». Allí proyecté y presupuesté mi vida entera en una hoja de cálculo. Con el objetivo de cambiar de vida, por ejemplo, invertí mis primeros ahorros en inmuebles, di clases en escuelas *online*, así como en universidades, realicé consultorías externas, monté unas tiendas de decoración, participé en nuevos negocios, etcétera. Estoy convencido de que, si miras a tu alrededor, encontrarás opciones, por pequeñas que sean. ¿Podrías compartir tu experiencia o sabiduría sobre algún tema en concreto en alguna escuela o centro formativo? Llama a la puerta de estos lugares y ofrece tus servicios. ¿Podrías vender algún tipo de producto manufacturado artesanalmente? Infórmate de dónde y cómo. Las distintas opciones que ofrece el mundo digital han multiplicado por mil la capacidad de difusión y venta de cualquier propuesta comercial. ¿Podrías invertir en algún negocio, participar en algún plan, asociarte para algún proyecto? Si estimulas tu mente, si practicas la Actitud Permanente de Conquista, si actúas en forma masiva y amplias tu ancho de banda, estás ensanchando tu abanico de posibilidades. Las oportunidades de ingresos adicionales acabarán llegando. Debes estar atento, poner foco y actuar. No lo vas a conseguir de la noche a la mañana, pero es posible. A modo de resumen, en palabras del *coach* financiero Robert T. Kiyosaki, autor del superventas *Padre rico, padre pobre*, la clave de la independencia financiera es convertir todo ingreso en una nueva fuente de ingresos. Una vez hayas analizado y reflexionado sobre tus finanzas, verás con una mirada mucho más fresca e independiente el plan de operaciones de tu empresa vital. Practica la «mentalidad Churchill», que nació en el seno de una familia aristócrata que afrontó serias carencias económicas tras la muerte del padre. Sin embargo, este brillante estratega vivió siempre por encima de sus posibilidades. Por citar un ejemplo, durante un período de dos meses, en 1949, se descorcharon en su casa 454 botellas de *champagne*, 311 botellas de vino y 251 botellas de brandy, ginebra, jerez, oporto y Johnnie Walker Black Label.[15] Cuantas más estrecheces pasaba, más gastaba, para horror de sus gestores y asesores fiscales. Siempre encontraba la manera de generar nuevos ingresos: escribir un libro, dar una conferencia, vender un activo. Mi consejo no es que vivas a todo tren, sino que tengas una mentalidad expansiva y no una mentalidad de escasez (más adelante hablaremos de ambas). Es necesario tomar ciertos riesgos, creer en la abundancia.

Diversifica tus ingresos y ahorra

El quid de la cuestión está en el balance entre ingresos y gastos, pues este equilibrio bien gestionado te generará nuevos ingresos, que a su vez podrás reinvertir y convertir en nuevos-nuevos ingresos. Conocerás o habrás leído sobre hombres y mujeres que han aplicado drásticos o innovadores métodos de ahorro y ahora se dedican a viajar, por ejemplo. En las redes sociales este tipo de noticias aparece de forma recurrente: sus protagonistas sonríen felices frente a la cámara y hablan de cómo con un poco de sacrificio cumplieron sus sueños. Aquí la cuestión no es que te conviertas en un anacoreta o alargues la vida de tu ropa hasta el extremo. Se trata más bien de que, en la profesionalización de ti mismo, tan importante es saber lo que quieres como la manera de lograrlo: presta atención a tus finanzas, piensa en cómo gestionar el presupuesto y los recursos de tu empresa vital, del mismo modo que lo haría cualquier director financiero. Creer que el dinero no es importante en la consecución de tus objetivos es ridículamente infantil. Si quieres que tu proyecto vital salga adelante, no te demores en hacerte las siguientes preguntas poderosas. Reflexiona también en las respuestas y aplica soluciones de mejora creativas a los problemas, desviaciones, vacíos o carencias que estas detecten:

— ¿Mantienes una supervisión de tus ingresos y gastos?
— ¿Crees que puedes controlar tus gastos de algún modo, con el objetivo de ahorrar o invertir parte de tu dinero?
— Teniendo en cuenta la ley del 60/40, ¿crees que podrías generar una mayor cantidad de ingresos o una cantidad de ingresos alternativa a medio y largo plazo?
— ¿Cómo estás gestionando tu cartera de ahorro? En caso de no tenerla, ¿cómo crees que podrías potenciar el ahorro a medio y largo plazo?

La mayoría de nosotros guardamos gran parte de nuestros ingresos en cuentas corrientes a la vista. Hay que pensar que los ahorros tienen que servir para algo. Tenemos que hacerlos trabajar por y para nuestros propósitos. Por poco dinero que tengas, tienes que sacarle el máximo partido y rendimiento. Haz pequeños ajustes, sencillos cambios, establece nuevas rutinas: comprar el pan en una panadería un poco más alejada, pero donde encuentras un producto igual de bueno y un poco más barato que en tu local habitual, o renegociar los contratos de suministro con las compañías pertinentes para no acabar metidos en planes generales que no se ajustan a tus necesidades. Es importante ahorrar cada mes, de manera regular, la cantidad que sea; es importante invertir tales cantidades. Piensa en ello: guardar cincuenta euros mensuales te genera un ahorro de seiscientos euros anuales, lo que en cinco años te reportaría tres mil euros. Una cifra nada desdeñable, que bien invertida en productos de interés compuesto —aquel que se va sumando al capital inicial y sobre el que se van generando nuevos intereses— puede alcanzar mejores resultados. El dinero llama al dinero.

Mi consejo a corto plazo es que analices tu situación financiera; a medio plazo, que pienses en cómo maximizar tus ingresos siguiendo la ley del 60/40 y, si es viable, que empieces a ahorrar; y a largo plazo, que rentabilices al máximo ese ahorro, que apliques una estrategia de inversión, construida a partir de cuatro «cajas de seguridad».

La primera debería ayudarte a crear el famoso colchón del que hablábamos antes: tu renta mínima. Lo cifraría en unos dos meses de salario, que deberías guardar en una cuenta separada (una especie de caja de emergencia, a salvo de tentaciones o de urgencias como una escapada a la nieve en un puente largo o una lavadora estropeada). Esta cantidad es un compra-tiempo, es decir, una red que seguridad que te arropa en la caída, como puede ser un despido o un fracaso empresarial, y que debería permitirte reorganizar a las tropas para la siguiente batalla. Una vez logrado este objetivo, habrá que llenar la segunda y la tercera caja de seguridad. Se pueden colmar con mayor o menor celeridad, y mayor o menor rentabilidad según las distintas tácticas que emplees y dependiendo de tu aversión o no al riesgo. Estas cantidades son tu salvoconducto hacia la felicidad, la contraseña que abre la caja fuerte de tus propósitos: del cien por cien del ahorro generado mensual o anual dedica un cincuenta por ciento a inversiones seguras a largo plazo, como bonos del tesoro o planes vitalicios, y un treinta por ciento a productos financieros más complejos o volátiles, como los fondos o la bolsa. Con un poco de paciencia, con buen abono y cuidados, verás tus ahorros florecer. Finalmente, la cuarta caja de seguridad, el veinte por ciento restante de ese ahorro global, es para reinversiones, sean económicas o emocionales, desde renovar el coche hasta unas vacaciones especiales en familia. Invertir en ti también implica cuidar de ti y de los tuyos.

Álvaro y Amalia, también Jorge, los protagonistas de los ejemplos de este capítulo, han puesto a trabajar su dinero, han invertido en ellos. Para alcanzar su propósito han realizado un movimiento tan lógico como necesario: presupuestaron su coste y trazaron una estrategia financiera *ad hoc* basada en el análisis, la diversificación y el ahorro. No hay que ser economista ni bróker: es cuestión de sentido común y organización, de eliminar cuantas dificultades se interpongan entre tú y tu propósito. En definitiva, con este pequeño inciso sobre planificación financiera básica, te animo a que veas que, más allá de tu salario, eres capaz de generar muchos más ingresos de lo que crees. Con un poco de creatividad y mucha proactividad, es factible controlar el poder económico de tu Yo S.L.

Te he invitado a convertirte en el CEO de tu vida. Ahora también te aliento a que dejes de ser un simple consumidor y, como dueño de tu vida, ejerzas de inversor. Mark Twain decía que el secreto de salir adelante es simplemente empezar.

Durante un tiempo estudia tus finanzas. Apunta tus ingresos y gastos en un documento y reflexiona sobre ellos.

Calcula, en primer lugar, cuánto dinero necesitas cada mes para pagar tus gastos básicos, cuál es el precio de tu mínimo vital. ¿Cuánto ingresas y cuánto gastas cada mes? ¿Qué gastos mensuales, trimestrales y anuales tienes? Analiza los datos extraídos, detecta si hay fugas o problemas, busca optimizaciones.

En segundo lugar, reflexiona sobre los números aportados tras el ejercicio. Responde a las siguientes preguntas:

— ¿Qué necesitas hacer para lograr esa cantidad mínima establecida?
— ¿Cómo te haría sentir saber que tienes esa cantidad en el banco?
— ¿Qué harías si dispusieras de tal cantidad?

En tercer lugar, haz una lista de posibles planes B que pudieran garantizarte de algún modo esa cantidad: elabora el plan financiero de tu empresa vital. Deja volar tu imaginación, no te coartes. Más adelante tendrás tiempo de estudiar la viabilidad de tales ideas.

— ¿Crees que puedes controlar tus gastos de algún modo con el objetivo de ahorrar o invertir una parte de tus ingresos?
— Teniendo en cuenta la ley del 60/40, ¿crees que podrías generar una mayor cantidad de ingresos o una cantidad de ingresos alternativa a medio y largo plazo?

Finalmente, si ya tienes en marcha estos planes B o ahorros (aunque sean unos pocos) sobre los que trabajar, pregúntate cómo crees que gestionas tales cantidades de ingresos adicionales.

— ¿Cómo estás gestionando tu cartera de ahorro?
— ¿Cómo crees que podrías potenciar el ahorro a medio y largo plazo?
— ¿Qué crees que deberías cambiar para que tus ahorros fuesen más seguros y sacarles un mejor rendimiento?

Si ya tienes diseñado y planificado tu proyecto vital, aprovecha y elabora o chequea su presupuesto.

— ¿Cuánto dinero necesitas para llevar a cabo o sostener en el tiempo la búsqueda o la consecución del propósito de tu empresa vital?

Recuerda que ya has aprendido a trabajar a partir de los objetivos SMART (específicos, medibles, alcanzables, relevantes y acotados en el tiempo). Repasa el ejercicio y ajusta los resultados con la siguiente pregunta en mente: ¿cuál va a ser tu plan de acción?

Ponte en marcha: elige vivir

«Si respetas la importancia de tu trabajo, este te devolverá, probablemente, el favor.» Sin duda, el trabajo le devolvió el favor al autor de esta frase, Joseph Turner, uno de los mejores pintores de paisajes de la historia del arte. Profesionalizarte en la gestión de ti mismo significa actuar, y si actúas, la vida te devolverá el favor. No dejes que tu pasado condicione tu futuro y busca alternativas a todo aquello que deseas cambiar, desde un trabajo en el que no te sientes reconocido hasta un mal hábito, pasando por una manera de pensar limitante o una relación tóxica. Ser resiliente no significa resignarse; recalcular tu dirección no implica rendirte ante un fracaso. Usa tu creatividad para imaginar la vida que deseas vivir —¡la que mereces!— y ponte a trabajar para alcanzarla.

Consigue el trabajo de tus sueños

Uno de los grandes agujeros negros de nuestra existencia es el trabajo: dependemos de él y ocupa gran parte de nuestro tiempo vital (se estima que cada año le dedicamos unas mil setecientas horas en promedio). Según datos del Instituto Nacional de Estadística, el cincuenta y nueve por ciento de los españoles padece estrés en su entorno laboral. ¡Más de la mitad de la población activa sufre haciendo la actividad a la que dedica más tiempo (además de dormir)! La misma fuente revela que ya en 2017 más de un millón doscientas mil personas en activo declararon que se encontraban buscando un nuevo empleo. Los principales motivos: mejorar las condicionales laborales tangibles (sueldos) y especialmente las intangibles (flexibilidad horaria, beneficios sociales, buen ambiente de trabajo, etcétera). La pandemia, detonante que evidenció el deseo de muchos de explorar nuevas oportunidades, aceleró la búsqueda de nuevos empleos. Los trabajadores del siglo XXI queremos autonomía, responsabilidad y flexibilidad. Se acabó la era de la empresa paternalista que trata a sus empleados como niños pequeños a los que tutelar en todo momento para evitar que se conviertan en jóvenes ociosos y díscolos. Todo lo contrario: queremos ser dueños de nosotros mismos como adultos que somos.

A lo largo de mi vida profesional centenares de hombres y mujeres han acudido a mí para encontrar un empleo que se ajustara a sus anhelos o expectativas. Con ellos he trabajado a partir de la metodología EPIC para alcanzar de forma eficaz y rápida su propósito. A continuación presento un resumen de estas prácticas y una serie de consejos que son las piedras angulares sobre las que construir un nuevo y motivador proyecto laboral.

Deja que el Departamento de Ventas haga su magia

La pirámide de Maslow, una representación psicológica de la motivación y necesidades humanas, tiene su réplica en el ámbito laboral. Es utilizada por numerosos departamentos de Recursos Humanos para analizar el vínculo entre el trabajador y la empresa con el objetivo de potenciar la satisfacción de ambas partes: aunque nos resistamos a creerlo, está más que demostrado que un trabajador feliz está mucho más comprometido y es infinitamente más productivo.

De arriba abajo y de mayor a menor importancia, estas son las equivalencias de las necesidades humanas aplicables a un empleo, siguiendo el esquema de Maslow:

Necesidades básicas	Condiciones laborales: sueldo, horario o vacaciones.
Necesidades de seguridad	Beneficios sociales: planes de pensiones, seguros de salud o cheques guardería.
Necesidades sociales	Cultura y valores de empresa: igualdad de oportunidades o trabajo en equipo.
Necesidades de estima	Reconocimiento: promociones, bonus, formación o responsabilidad.
Necesidades de autorrealización	Propósito: éxito, satisfacción o desarrollo de carrera.

¿Tu puesto de trabajo cumple con estas condiciones? Analiza tu situación a partir de una lectura atenta del esquema: ¿sientes que tus necesidades laborales están cubiertas? En caso de no tener un empleo, ¿cómo trasladarías estas expectativas a la búsqueda de trabajo? ¿Qué esperas de un nuevo empleo?

Si todavía tienes dificultades para responder a estas preguntas, te invito a que recuperes o elabores —si no lo has hecho todavía— el Decálogo de tu Trabajo Ideal. En el caso de estar en activo, pregúntate si tu empleo actual cumple con al menos siete de tus propios requisitos. Si estás en proceso de exploración laboral, este decálogo te servirá de brújula. Veamos un ejemplo.

Cristina es consultora y tiene cuarenta años. Ha participado en distintos proyectos profesionales como trabajadora autónoma durante un tiempo, pero ahora ha decidido reincorporarse al circuito empresarial. Trabajar de manera independiente durante unos años fue una acción muy ventajosa: mientras sus hijos fueron pequeños pudo cuidar de ellos de la manera que deseaba. Sin embargo, Cristina tiene el anhelo —y cree que es el momento adecuado, pues sus niños están creciendo— de lanzarse a una nueva aventura laboral, que le aporte mayor crecimiento profesional y económico. No piensa aceptar cualquier empleo. Siguiendo el método EPIC, ha trabajado durante semanas para dilucidar cómo encontrar el puesto que desea. Su primer ejercicio ha sido redactar su decálogo:

1. Quiero flexibilidad horaria y teletrabajo para seguir formando parte del día a día de mis hijos.
2. Quiero un sueldo no inferior a X euros.
3. Quiero trabajar en una empresa con proyección internacional y con amplios recursos: priorizaré las multinacionales o grandes firmas.
4. Quiero formar parte de un equipo colaborativo. Me gustaría incorporarme a un departamento que cuente con la mayor horizontalidad posible dentro la jerarquía empresarial.
5. Quiero que la empresa me ofrezca un plan de carrera y formación ad hoc para prosperar durante mis años de permanencia en la empresa.
6. Quiero trabajar en una empresa que trabaje por objetivos y que reconozca su logro con una recompensa a fin de año.
7. Quiero trabajar en una empresa que me ofrezca beneficios sociales, como un plan de pensiones.
8. Quiero que el contrato laboral blinde mi derecho a conciliar: respeto por el horario pactado, privacidad personal, desconexión digital, etcétera.
9. No quiero viajar en exceso. Me gustaría que la sede de la empresa estuviera en la ciudad en la que vivo y res-

tringir los viajes largos al máximo, al menos mientras mis hijos todavía sean pequeños.

10. El sector me es indiferente, pero valoraré que la empresa cuide su cultura y haga hincapié en la responsabilidad social corporativa.

Sin saberlo, Cristina ha hecho la mitad de la carrera hacia la meta. Ahora sabe qué quiere y lo más importante: qué no quiere. Si es inteligente y quiere ser eficiente y eficaz en la búsqueda de empleo, no perderá el tiempo acudiendo a empresas familiares o a una firma que no se avenga a negociar una jornada híbrida o flexible. ¿Podría Cristina ahora listar las corporaciones que se ajustan a sus deseos? ¿Conoce a alguien trabajando en ellas? ¿Tienen algún proceso de selección abierto tales empresas? Con el Decálogo del Trabajo Ideal en una mano y con una idea clara de cuál es la propuesta de valor (USP) de su empresa vital, Cristina tiene foco, dirección y posicionamiento. Con una estrategia idónea de marketing encontrará la manera de estar en el lugar adecuado, en el momento adecuado, con el producto adecuado. Cuando trabajaba en Kellogg's entrevistamos a una chica que se puso a repartir volantes con su currículum vítae en el parking de la empresa, con una camiseta que decía: «Yo quiero trabajar en Kellogg's». Gracias a esta original iniciativa, no solo consiguió una entrevista, sino que su acción fue tema de conversación en el comité de dirección nacional. La chica mostró determinación, creatividad y una motivación espectacular. ¿Cómo no prestarle atención y reconocer su esfuerzo? Quizá su perfil no cuadrara con ninguna vacante en la compañía, pero tuvo su oportunidad gracias a tener foco, método y una buena dosis de creatividad.

Toda relación laboral implica crear vínculos, potenciar lazos. Se trata de conectar, impactar y persuadir. ¡De comunicar! He escuchado infinidad de veces «yo ya mandé un correo electrónico, pero no me han respondido». Esfuerzos mínimos, resultados mínimos. Ante el reto de encontrar un empleo o promocionar en el trabajo, hazte preguntas poderosas que te lleven a la acción, que maximicen tus probabilidades de éxito. Por ejemplo: ¿qué empresas o departamentos dentro de mi propia empresa con las características y las condiciones de empleo que deseo tienen vacantes ofertadas? ¿Cómo puedo mostrar mi perfil de candidato de forma más creativa y llamativa? ¿Puedo obtener cartas de recomendación? ¿A quién conozco de mi entorno que puede ayudarme a introducirme en el sector en el que quiero desembarcar o en la corporación que me llama la atención?

Está demostrado que más de la mitad de los puestos de trabajo se cubren con amigos y conocidos. Es una cifra que sube hasta el ochenta por ciento en cargos directivos. El nepotismo existe, pero la verdadera razón de este fenómeno es que cuando queremos cubrir una vacante buscamos gente de confianza. Ante dos candidatos con un perfil similar, siempre tenderás a elegir aquel del que tienes buenas referencias o una recomendación explícita, ya sea porque trabajó en una empresa con un amigo tuyo o porque un conocido hizo negocios con él. Es oportuno recordar que las personas no son instrumentos para nuestros fines. Trabajar tu círculo profesional no equivale a llamar a toda tu agenda de contactos como si no hubiera un mañana, de entablar relación solo con personas que puedan llegar a serte útiles algún día o de llamar a aquel amigo bien posicionado solo cuando necesitas un favor. Los círculos profesionales se trabajan desde el respeto y la humildad. Se trata de saber conectar adecuadamente.

Prepara una entrevista en 7 pasos

Imagina que has logrado una entrevista en la empresa que deseas para el empleo que deseas. Sin embargo, todavía queda mucho trabajo por hacer. Uno de los grandes errores que cometemos a la hora de afrontar una entrevista de trabajo —ya sea para encontrar un empleo, para lograr una promoción interna o cerrar un trato importante— es que adoptamos un papel pasivo en el binomio pregunta-respuesta. Una entrevista de trabajo es el espacio idóneo para mostrarte tal y como eres, dar la mejor imagen de ti mismo y presentar tu propuesta de valor. Esta proyección solo es posible desde la proactividad, la creatividad y el liderazgo interior. Mucha gente llega a una entrevista de trabajo o a una reunión con las manos en los bolsillos, esperando que las cosas sucedan por sí solas. Si realmente te interesa ese puesto de trabajo, hacerte con ese cliente o esa promoción, haz los deberes.

Estas son siete premisas básicas para preparar una entrevista de trabajo. Puedes aplicar la misma fórmula a una reunión con un cliente o en una negociación importante:

1. Investiga y aprende sobre la empresa que ofrece el puesto de trabajo. Reúne todos los conocimientos posibles y sácalos a relucir durante el encuentro de forma sutil. Esta actitud revela tu interés, motivación y respeto hacia los entrevistadores y la empresa contratante.
2. Analiza con detalle la descripción del puesto de trabajo. No es cuestión de si encajas o no, de si cumples con todos los requisitos. Lo más importante es que entiendas realmente en qué consiste el empleo. Lee entre líneas. Deslumbra a tus entrevistadores con aquello que desean oír.
3. En esa línea, ¿qué crees que quieren oír y cómo lo quieren oír? Prepara tu discurso de forma concienzuda. Recuerda que la comunicación no son solo palabras. Si, después de haber investigado, crees que el talante de la empresa y lo que piden indica que buscan un perfil dinámico, fresco e informal, quizá es mejor que no te vistas de traje ni que te muestres excesivamente prudente; si eres una persona con sentido del humor, es probable que recurrir a él te dé más alegrías que una simple enumeración de tus brillantes competencias.
4. Analiza qué tienes tú (capacidades, experiencia, etcétera) que encaje en lo que esperan oír. Elige tres fortalezas concretas y

elabora una argumentación. Sé directo y claro, no te enredes. Cuéntales quién eres y qué haces, adaptando tu perfil a sus necesidades o expectativas. Puede que tú no le des importancia al tiempo que pasaste fuera de la oficina organizando un *teambuilding* del que tus compañeros todavía hablan varios años después, pero podría ser información valiosa y de calado para una compañía cuyo valor principal es el trabajo cooperativo. ¿Por qué no mencionarlo, aunque no sea estrictamente un objetivo alcanzado o una formación adquirida?

5. No mientas. Sin embargo, sé listo y posiciona la verdad a tu favor. Muestra tu mejor faceta, la más adecuada para ese puesto de trabajo.

6. No hay una segunda oportunidad para causar una primera impresión: piensa qué imagen quieres proyectar de ti mismo. Los detalles son relevantes.

7. ¿Conoces a alguien en esa empresa? ¿Puede recomendarte?, ¿contarte más sobre el puesto de trabajo o sobre la cultura de la empresa?, ¿darte algún consejo?

En resumen, toda transacción comercial —y la contratación de personal lo es— tiene dos premisas básicas: confianza y relevancia. Clement Stone, coautor del clásico *La actitud mental positiva: Un camino hacia el éxito*, aseguraba que las ventas dependen de la actitud del vendedor, no de la actitud del potencial cliente.

Pon en alerta máxima al Departamento de Ventas de tu empresa vital. Debes aprender a venderte y tus mejores armas para hacerlo son la originalidad y la perspicacia. Creo, como decía antes, que en una entrevista de trabajo o en una reunión de negocios tu objetivo principal debe ser conectar. No te pavonees ni intentes lucirte; comunica. Comunicar implica escuchar. ¿Qué espera oír mi interlocutor? ¿Qué necesita oír? Mi mayor recomendación a la hora de encarar una entrevista de trabajo es que la concibas como una transacción comercial en la que tú eres el producto o servicio que tu potencial cliente necesita. La empresa o el empresario que tienes delante tiene un problema y necesita una solución, ayúdale a resolver la situación. Haz sentir a tu interlocutor especial e importante, respétale; de la misma forma, exige un trato parecido. No permitas que te traten mal o que te menosprecien en una entrevista o reunión: tu tiempo vale, tú vales.

Preparar una entrevista de trabajo o una reunión es un trabajo en sí. Como si fueras un atleta de élite, entrénate para la gran carrera. No te abandones a la casualidad. Hacer tu parte denota respeto, pero también solidez. No confíes en tu labia o en tu carisma: puedes acabar pareciendo un charlatán. Profesionalízate en la venta de ti mismo: habla de datos, de hechos, argumentos y contraargumentos. No dejes nada al azar. Vete a dormir pronto ese día, desayuna y ponte música energizante, afila tus sentidos y mantén la cabeza clara. Llevas toda una vida entrenando para este momento, tienes la capacidad y los recursos para colgarte la medalla de oro.

Sin embargo, nada es seguro. Una vez llegues a la entrevista o reunión hay distintas variables impredecibles que tener en cuenta:

— Acepta que habrá imprevistos, son las cosas del directo. No te salgas en exceso del guión, pero ten cintura. Aunque hayas estudiado y preparado, incluso visualizado mentalmente la conversación entera, fluye según discurra el cauce de la entrevista. Mantén la calma: estás preparado. Si hay que hacer una prueba, se hace; si entra en escena sorpresivamente tu posible jefe y se une al reclutador, le ofreces la mejor de tus sonrisas.

— Escucha y deja hablar. No avasalles con tus argumentos, deja que el otro se explique y, si no lo hace, pregunta, por ejemplo, qué se espera del futuro candidato o cuáles son los detalles de los requerimientos del empleo. Escuchar, y hacerlo de forma activa, te da dos ventajas: por un lado te define como una persona atenta y empática; por otro te permite refrendar o refutar las presunciones que hayas podido hacerte previamente y adecuar tu propuesta de valor al contexto.

— Menos es más. Recuerda que un buen vendedor es aquel que escucha las necesidades de venta y construye el más sólido argumentario de por qué necesitas su producto. A la hora de desplegar tu *Unique Selling Proposition*, destaca tres ideas principales; nadie recuerda más. Yo las llamo «las morcillas». No te enredes en intentar mostrar todo tu potencial, elige tres fortalezas concretas. Es importante que este sea un trabajo previo y *ad hoc* para el perfil demandado; no improvises a menos que lo veas estrictamente necesario.

— Lleva tu historia bien ensayada e hilvanada. No te levantes de la mesa sin haber mostrado, de un modo u otro, tus tres fortalezas. No hace falta que dirijas la conversación; más bien debes reconducirla cuando sea el momento hacia donde tú quieras. Como buen político, lleva el diálogo hacia tu terreno. Los argumentos sólidos, concretos y tangibles saldrán casi de manera automática cuando estén bien trabajados.

— Modula tu actitud. Es importante que radiografíes bien tu entorno, tanto antes como después. La cultura de la empresa a la que acudas y el talante de la persona que te reciba te pueden dar pistas sobre qué tono adoptar. Un exceso de ímpetu puede parecer soberbio en un ambiente conservador o familiar, de igual modo que el mismo impulso puede quedarse corto en un contexto más agresivo.

— Todo defecto tiene matices. Con honestidad, detecta cuáles son tus lagunas y puntos débiles, y sácales el mayor partido. Quizá no hayas tenido experiencia liderando equipos en un entorno laboral, pero llevas años capitaneando un equipo de fútbol sala. ¿Qué has aprendido de ello? Acepta tus limitaciones y carencias, muéstrate humilde, pero no te elimines a la primera de cambio. Sé sincero, pero breve en las explicaciones de tus fracasos. No ahondes en tus miserias.

— Deja emerger tu personalidad y tu criterio. Adáptate al contexto pero sin dejar de ser tú mismo. Muestra la faceta adecuada para lograr tus objetivos, pero sin disfraces ni máscaras. No te muestres servil o desesperado. Tú mereces este puesto, has trabajado para eso.

— No olvides que aquellos que están frente a ti quieren creer en ti. Pónselo fácil. Ante dos candidatos con perfiles parecidos nos decantaremos siempre por aquel que nos haya transmitido mayor energía y honestidad, un *flow* especial; con aquel que, como decíamos antes, hayamos conectado.

Una entrevista o una reunión de trabajo no terminan cuando te despides de tu interlocutor y vuelves a casa y te dices «la suerte está echada». Todo Departamento de Ventas hace seguimiento de la consecución de clientes potenciales o de atención a clientes habituales. A veces es una tarea ingrata pero totalmente necesaria. Es más, es un ejercicio indispensable en el desarrollo de todo proyecto, sea cual sea. Chequear qué ha ido bien, qué ha salido mal, qué se ha quedado a medio camino, así como los motivos, nos permite mejorar y progresar. ¿Crees que la persona que te ha entrevistado o con la que te has reunido ha recibido e interiorizado tu discurso? Si le hicieran el «test del micrófono» y le pidieran que recordara tres cosas del encuentro, ¿coincidirían con tus tres fortalezas que habías elegido destacar? No te abrumes y manda un correo electrónico en el que agradezcas a tu interlocutor el tiempo dedicado a la entrevista. Aprovecha para recalcar aquellos aspectos que creas importantes o añade aquellos que se te hayan podido quedar en el tintero. Los últimos esprints en una transacción comercial son el último veinte por ciento del tiempo dedicado al trato. Mantén la tensión hasta el final. Los detalles importan.

Recorrí toda España como ejecutivo de ventas para distintas multinacionales, convenciendo a todo tipo de clientes de que nuestro producto era el mejor del mercado. Reunión tras reunión iba perfeccionando mi discurso, casi como si fuera un monólogo del Club de la Comedia. Pulía chistes, añadía metáforas, me anticipaba a las preguntas, ahondaba en unas características y no en otras. Estudiar no solo a mi público potencial, sino mis actuaciones previas, me permitía ser mucho más eficaz en mis comunicaciones y, sobre todo, conectar con mi audiencia. Algunos lo llaman marketing emocional, aunque no hay que darle demasiadas vueltas: cuenta tu historia, inspira a las personas con tu relato.

Ahora es momento de compartir la versión empresarial del decálogo del Alto Rendimiento Vital, conocido como Alto Rendimiento Corporativo (ARC). Se trata de una serie de leyes pensadas para progresar laboralmente en un ambiente corporativo, basadas en mi propia experiencia. Brené Brown, investigadora de la Universidad de Houston y autora de varios libros superventas, lleva años estudiando el poder de la vulnerabilidad. Ha llegado a la conclusión de que las personas que gozan de mayor plenitud vital son aquellas que tienen el coraje de ser imperfectas, de ser auténticas. Bucear en tu esencia y mostrarte frente al otro tal y como eres es la mejor manera de conectar, de crear vínculos estables y sólidos. Así cimentamos las relaciones personales, ¿por qué no también las profesionales? Estamos de acuerdo en que el contexto puede variar y que las agendas son distintas, pero la esencia es la misma. No actuarás de la misma manera con tu pareja que con tu jefe y tampoco eres la misma persona con tus hermanos que con tus padres. Más allá de la adecuación al entorno y al ambiente, el resto no debería importarte.

El decálogo del Alto Rendimiento Corporativo (ARC) son diez premisas que te permitirán consolidar esa promoción interna que tanto deseabas, aquel contrato que llevas tiempo persiguiendo o tu nueva posición en un flamante empleo.

1. Conoce la estructura formal e informal de la empresa, el terreno y las reglas del juego. ¿Dónde se toman las decisiones? ¿Es en los despachos o en las pistas de pádel fuera del horario de trabajo?

2. Ponte objetivos personales claros y concretos. ¿Qué proyectos quieres llevar a cabo? ¿Qué puestos querrías ocupar? ¿Qué tareas querrías liderar?

3. Comunícate de forma honesta y transparente, sin agendas ocultas.

4. Esfuérzate en buscar soluciones *win-win*. Solo conseguirás el éxito sostenible a largo plazo si todo el mundo gana. No dejes a nadie atrás.

5. Amplía tus contactos, marcándote objetivos claros y razonados: tan importante es tomarte una copa con un amigo después del trabajo como con un cliente.

6. Fórmate continuamente, mantente siempre actualizado. No te dejes vencer por el cinismo ni la dictadura de la edad.

7. Déjate ayudar. Intenta rodearte de los mejores y no temas pedirles ayuda y consejo. Colaborar más que competir te reportará mayores beneficios.

8. Dirigir es servir. Cuando alcanzas una posición directiva, debes servir a tu equipo para que sus miembros alcancen su máximo potencial. Tu éxito será intrínsecamente proporcional al suyo.

9. Toma decisiones basadas en datos y analiza siempre lo que funciona y lo que no; nunca olvides los porqués. La información es poder.

10. Sé perseverante, no te rindas.

Disciplina y método. Con altos niveles de confianza y autoestima, con tu Actitud Permanente de Conquista y tu actitud

L'Oréal, de la mano de tu valor diferencial, con el sistema EPIC, lograrás encontrar el trabajo que ansías y mereces. ¡No te resignes!

Reinvéntate

«Reinventarse»: la preciada segunda oportunidad puede sonar a lugar común, pero es real: nunca es tarde para adoptar nuevos paradigmas. Ni eres demasiado joven ni demasiado mayor, tampoco tienes demasiadas cargas ni lidias con imposibles. No te mientas a ti mismo. No pongas excusas. Amordaza a tu saboteador, ponlo en vereda. Hemos trabajado cómo cambiar de perspectiva, cómo poner el foco en nosotros mismos, cómo abandonar una mentalidad resignada —y hasta cínica— por otra positiva y posibilista. Es lícito tener ambición vital, ansiar vivir en armonía, abrazar la plenitud. Atrévete a reinventarte, a evolucionar. El mundo no va a cambiar para ti. No lo demores más: cambia todo aquello que no funcione, encaje o se adapte a la vida que deseas. Renueva tu estrategia vital, alinéala con tu propósito. El trabajo (o la falta de trabajo), por su importancia y el tiempo que le dedicamos, suele copar toda nuestra atención, pero existen otras miles de facetas en nuestra vida cotidiana con las que batallamos: malos hábitos, relaciones tóxicas, pensamientos limitantes, sueños pospuestos, proyectos fallidos, etcétera.

Hay una leyenda que se escucha comúnmente en el ámbito del *coaching*. Trata acerca del águila, de la que se dice que es una de las aves más longevas. Puede llegar a vivir setenta años, pero para alcanzar esa edad, al llegar a los cuarenta tiene que hacer una drástica elección. A los cuarenta, su cuerpo se avejenta: sus garras han perdido su poder y ya no logran agarrar las presas al vuelo; su pico, ahora más curvo, no sirve para rasgar la carne de sus presas; sus alas, cada vez más pesadas, le impiden volar. Sin embargo, posee una magnífica capacidad de transformación, aunque es terriblemente dolorosa. Durante un proceso que dura medio año, el ave se refugia en un nido en lo alto de una montaña. Allí golpea su pico contra una pared hasta arrancárselo. De la herida emergerá un nuevo pico, más fuerte. Con él se deshará de sus viejas garras y del pesado plumaje. Semanas después, le crecerán uñas más afiladas y firmes, plumas más estilizadas y ligeras. Algunas de las águilas que deciden seguir este camino perecen, pero la mayoría renacen y viven treinta años más. Las que evitan el proceso sucumben irremediablemente.

Muchas transformaciones se producen a partir de episodios dolorosos de nuestra vida, pero no tiene por qué ser así. Puede que simplemente haya aspectos de tu vida que quieras cambiar, facetas que quieras mejorar. Ser más feliz, ser tú mismo, sin más pretensiones. ¿Siempre has querido tocar la guitarra y nunca lo has hecho? ¿Qué te lo impide? ¿De verdad no puedes hacer nada para conseguir una o dos horas libres a la semana para tomar unas clases? ¿Quieres ponerte en forma? ¿Qué es lo que te atrapa en el sofá? ¿Estás seguro de que no tienes tiempo para hacer quince minutos diarios de ejercicios en casa?

La metodología Kaizen

El crecimiento y el aprendizaje continuo son la base de toda evolución o transformación, y también de la metodología Kaizen, que nos invita a actuar, a abrazar el cambio gustosos, en lugar de resistirnos a él, como solemos hacer habitualmente. Este sistema consta de cuatro pasos: planificar, actuar, hacer y verificar. Nada nuevo.

Destacar este sistema es una manera de volver a subrayar la importancia y la necesidad de aplicar metodología y disciplina a nuestras acciones. La metodología Kaizen se popularizó a raíz de su aplicación en el proceso industrial de la empresa automotriz Toyota. El *Training Within Industry* fue un programa de formación de personal no cualificado que la empresa puso en marcha durante la Segunda Guerra Mundial. Como la mayoría de los trabajadores estaban en el ejército, pero había una alta demanda industrial de manufactura militar, el tejido empresarial nipón se afanó en facilitar, agilizar y dotar de mayor eficiencia todo proceso fabril. Al terminar el conflicto bélico, Toyota implementó e internacionalizó con gran éxito esta metodología. Lo importante de esta doctrina es que hace hincapié en conquistar progresivamente pequeños objetivos y en su estandarización. Paso a paso. Con objetivos realistas y factibles, con objetivos realmente SMART, la motivación no decae. Sentimos que avanzamos, que progresamos, que nuestro esfuerzo vale la pena. La metodología Kaizen descansa en las rutinas y en los hábitos. Todas las pequeñas acciones que realizas a lo largo del día forman parte del todo, de tu objetivo.

Después de una época de estrés, Tomás ha engordado y adoptado varios malos hábitos alimenticios. A veces no tiene tiempo para comer y no lo hace en todo el día. Luego, muerto de hambre, se come todo lo que encuentra en la nevera, cuanto más calórico, mejor. Se mueve poco o nada. Siente que su cuerpo se está atrofiando, pero la tensión diaria en el trabajo le impulsa a procrastinar en su tiempo libre. No tiene ganas de volver al gimnasio, y aunque desea volver a ponerse en forma, no consigue arrancar. Sin embargo, Tomás ha decidido pasar a la acción. Un entrenador personal amigo suyo a quien ha consultado le ha preparado un programa de entrenamiento progresivo. El objetivo final es correr el maratón de su ciudad, fecha que coincide con su cuadragésimo cumpleaños. Tiene dos años para lograrlo, pero a Tomás este reto se le antoja no ya difícil, sino imposible. ¿Él corriendo un maratón? Su entrenador lo tiene claro y le pone a trabajar: primero saldrá a correr un día a la semana durante quince minutos, en llano y cerca de su casa; otro día, hará otros quince minutos de ejercicios en casa para ir fortaleciendo los músculos y evitar lesiones. Semana tras semana, el entrenador aumenta los minutos de las sesiones y la cantidad de días que dedica a entrenar. Al cabo del año, tiene una rutina de media hora de *running* diario. Tomás ha perdido peso, ha ganado fuerza. Se siente más ágil y sano. Se siente un triunfador sin haber corrido una carrera, pues ha logrado sostener su iniciativa en el tiempo. No ha sido fácil. En invierno, salir a correr casi de noche y con un clima hostil le costaba muchísimo, pero ver que mejoraba y avanzaba le animaba a continuar. Sus niveles de estrés se han reducido gracias a la actividad física. No solo eso: sin darse cuenta ha cambiado muchos pequeños hábitos, o más bien, distintos pequeños hábitos le están ayudando a alcanzar su objetivo. Siempre que puede sube por las escaleras en lugar de usar el ascensor o elige trayectos a pie en lugar de tomar algún tipo de transporte. También se alimenta mejor. Cuando llegó el gran día, Tomás corrió su primer maratón. El día en que cumplía cuarenta años logró lo que para él era imposible. Con disciplina y método.

La metodología Kaizen y tantos otros sistemas de trabajo que hemos compartido en este libro tienen en común que buscan la mejora continua. Es en la perseverancia en donde está la clave de su éxito, pues logran romper la resistencia al cambio inicial, pero además conducen a resultados permanentes.

Antes de todo proceso de reinvención, hazte estas tres preguntas poderosas:

— ¿Qué resultados deseo alcanzar?
— ¿Qué hábitos necesito poner en práctica para alcanzar esos resultados?
— ¿Cuál es el pequeño paso, la primera acción, que puedo llevar a cabo para cimentar esos hábitos?

No hay fórmulas mágicas universales, solo tu fórmula. Siendo una persona de acción, creo firmemente en una vida basada en el ensayo y error, en el método y la disciplina. No soy el único. Andy Grove y John Doerr son unos científicos y empresarios que se conocieron en la compañía Intel cuando esta no era más que una naciente procesadora de chips. El primero, uno de los CEO más reconocidos de la década de 1990 por lograr que casi todos los ordenadores del mundo contaran con un circuito integrado de Intel en su fabricación, fue el mentor del segundo, un joven y prolífico vendedor de microprocesadores. Ambos dieron a conocer al mundo un protocolo de crecimiento basado en objetivos y resultados: el OKR (*Objective and Key Results*). «Sí. No. Simple.» Esta era la estrategia de Grove ante todo proceso, profesional o personal: ¿Funciona? ¿Sí o no? Es simple. Si funciona, sigue así; si no funciona, cámbialo. «Hay demasiada gente que trabaja demasiado para conseguir muy poco», solía decir. Por su parte, Doerr, que más adelante se convirtió en uno de los más destacados inversores de Silicon Valley y en uno de los hombres más ricos del mundo, mejoró el explosivo método, con usuarios como Bill Gates, Larry Page y Bono. Algunas de las características de este sistema que vale la pena destacar son, por ejemplo, la gestión continuada del rendimiento, la exigencia de lo imposible o el compromiso máximo con tu objetivo. Doerr asegura: «Tener ideas no es complicado. Lo importante es saber ponerlas en práctica».

Reinventarse no es levantarse una mañana y decidir dejar de fumar, comer más fruta o hacer deporte, tampoco es no devolver la llamada a esa persona que no te hace ningún bien o volver a estudiar. Quiero decir, no es *solo* eso. Reinventarse es actuar: unas veces funcionará y otras no. Quizá has dejado los cigarrillos en un cajón durante una semana, pero, tras ese día de estrés en el trabajo, acudes a ellos sintiéndote culpable. Tienes dos opciones: volver a guardarlos en el mismo cajón y esperar a la siguiente crisis, o puedes probar algo nuevo. ¿Tirar el paquete? ¿Seguir fumando y reducir la cantidad diaria progresivamente?

No eres una empresa tecnológica californiana, eres algo más importante: el CEO de tu empresa vital, y puedes marcarte objetivos, aplicar estrategias, analizar resultados, autoevaluarte. Hay escuelas que están usando este sistema para enseñar a leer y a escribir a niños de cinco y seis años. Toda transformación es compleja y requiere trabajo. Pero no dejes morir tus ideas: usa protocolos, procedimientos, estrategias o herramientas. Las que hemos repasado en este libro u otras —hay centenares—, pero sistematiza tu reinvención. Serás más productivo e innovador. Es la mejor manera de asegurar su éxito.

Diseño inteligente, entre la tradición y la modernidad

Para finalizar quiero compartir una serie de conceptos que me parecen importantes para encaminar cualquier proyecto personal hacia el éxito. La cereza del pastel que hemos estado cocinando juntos. Imaginad una balanza en la que estamos pesando los últimos ingredientes de la receta. Hay que ser cuidadosos, pues, en repostería, la justa proporción de las cantidades es básica. En un platillo, la tradición; en el otro, la modernidad: en el primero, tres prácticas, en el segundo, un ejercicio de innovación.

Pongamos el foco en el primer platillo, el más espiritual. Vamos a hablar de tres conceptos nipones, una tríada inspiradora para terminar nuestro delicioso postre: *gaman*, *wabi-sabi* y *kintsukuroi*.

Gaman, una práctica que nos invita a persistir (con dignidad) a pesar de las adversidades. Para desarrollar esta actitud vital, sus practicantes recomiendan una serie de estrategias como el autocontrol y resiliencia. Entronca con la filosofía estoica, aunque nos acerca al ideal de virtud desde otro enfoque: sé paciente y perseverante, tu momento llegará. Quizá la báscula no te muestra la cifra que querías ver después de tanto esfuerzo y sacrificio, pero mañana lo hará; quizá las clases de inglés están siendo mucho más difíciles de lo que creías, muy pronto te será más fácil; quizá negarte a ayudar a esa persona que depende excesivamente de ti te angustia, pero la culpa pasará.

Wabi-sabi es un término estético que se basa en la exaltación de la belleza de la imperfección. Al fin y al cabo, ¿qué es la perfección? Esta tradición milenaria evidencia que nada permanece, que todo es efímero, por lo que es en la atenta contemplación de lo trivial, de lo más sencillo o simple, de lo feo o imperfecto, donde encontraremos la paz y la armonía, la plenitud vital. Es la desgastada cómoda de tu habitación que te acompaña desde que te independizaste y que necesita más que una mano de pintura, pero que te resistes a cambiar. Es aquel amigo que no llama nunca y desaparece durante meses, pero que cuando os reencontráis y tras unos pocos minutos de conversación, te hace sentir en casa. Es aquella cena improvisada con tu pareja en el suelo de una casa vacía después de que la empresa de mudanzas os anunciara que los muebles no llegarían a tiempo. Del fotógrafo francés Robert Doisneau decían que era un maestro captando la belleza de lo cotidiano, un realista poético. «Lo importante es ver aquello que resulta invisible para los demás», expresaba el artista.

Kintsukuroi es una técnica usada por los artesanos para dar una segunda vida a una cerámica rota, uniendo sus piezas rotas con oro; convirtiendo un producto roto, casi un desecho, en una pieza única y de gran valor. Sin ocultar cicatrices o heridas, en nuestra vulnerabilidad, nos mostramos tan genuinos como imperfectos. Brené Brown, autora de *El poder de la vulnerabilidad* y *Los dones de la imperfección*, entre otras obras, pregunta ¿qué te atreverías a hacer si el miedo no te paralizara, si no sintieras vergüenza, si no temieras decepcionar, si no te exigieras ser perfecto en todo? No hay triunfo sin vulnerabilidad. Brown nos habla de lo paradójico que es esto: es lo último que deseamos que los demás vean de nosotros, pero lo primero que buscamos en ellos. Es necesario que desterremos esta idea de nuestras cabezas: somos suficientes, todos y cada uno de nosotros, sin más. En *Los dones de la imperfección,* Brown dice: «Vivir de todo corazón significa comprometernos con nuestra vida, reconociendo nuestra valía personal. Significa cultivar el coraje, la compasión y la conexión para despertarnos por la mañana y pensar: "No importa lo que deje hecho ni cuánto quede por hacer; soy suficiente tal cual soy". Es irse a la cama por la noche pensando: "Sí, soy imperfecta y vulnerable, y a veces tengo miedo, pero eso no cambia el hecho de que también soy valiente y de que merezco recibir amor y sentir que pertenezco"».

Muéstrate compasivo, especialmente contigo mismo. La acción está reñida con la perfección y la inmunidad. Vivir es arriesgar. Para hacer una tortilla hay que romper un huevo y cocinarlo. Cuando hayas cocinado decenas de tortillas, lograrás hacerla a tu gusto, aunque no logres cocinar la tortilla perfecta. ¿Y qué sentido tendría no cocinarla por no lograr la perfección? Sería lo mismo que mantenernos al margen de la vida como simples observadores de nuestra propia existencia desde una prudente distancia de seguridad.

Volvamos a la balanza para abordar el segundo platillo. En él encontramos el *design thinking,* una práctica contemporánea que utilizan habitualmente diseñadores, ingenieros y arquitectos, pero extendida a otros sectores, incluido el *coaching,* cuyo objetivo es generar ideas y escenarios innovadores y eficaces, es decir, encontrar soluciones creativas a los problemas. No voy a extenderme mucho en esta técnica. Recomiendo, a quien le interese el tema, la lectura del libro de Dave Evans y Bill Burnett, *Design de vida.* Sin embargo, me parece importante destacar la idea de lo vital que es pensar creativamente y sin descanso, generando opciones, probando alternativas.

Bill Burnett es ingeniero y un gran experto en su campo. Profesor de la Universidad de Stanford, es el fundador del Laboratorio de Diseño de Vida. Burnett aporta cinco ideas procedentes del *design thinking* que resumen y funcionan a modo de cierre de todo lo que hemos venido desarrollando en estas tres partes del método EPIC (Entendimiento, Propósito e Inversión) para poner en marcha el cambio que deseas. Son las siguientes:

1. Conecta los puntos: alinear tu misión y visión con tus valores aportará sentido y plenitud a tu vida. Es la mejor manera de avanzar hacia tus objetivos.
2. Identifica los problemas graves, aquellos que realmente no puedes cambiar, y acéptalos. Aprende a vivir con ellos, a rodearlos, a ponerlos a tu favor, pero que no te detengan.
3. No existe un único propósito. Nútrete de todos tus intereses, ábrete a explorar y experimentar, diversifica tu vida. Vive múltiples vidas. Ten planes B. No te obsesiones con un único camino hacia la felicidad.
4. Crea prototipos, genera escenarios. Los expertos hablan de tres, siempre tres. Atrévete a imaginar. Pregunta y prueba. ¿Quieres volver a la universidad y estudiar para dar un giro a tu carrera? Prueba con un curso de verano y experimenta qué sientes, qué te aporta, qué resuena en tu interior.
5. Elige bien. Más que suerte, debes estar atento. Mantén en todo momento una mentalidad positiva y posibilista. Toma una decisión y sigue adelante. Si no funciona ya idearás la manera de hacerla funcionar.

Y me gustaría añadir, para terminar:

— Cultiva la autenticidad, abandona el perfeccionismo.
— Abraza la gratitud y la alegría, combate el miedo y la negatividad.
— Elige confiar en ti, aléjate de la indiferencia o la impotencia.
— Comprométete contigo mismo. Desafía al mundo.
— Invierte en ti. Inicia tu cambio. Inténtalo.
— Elige vivir.

ELIGE VIVIR

Elige uno de los dos ejercicios que encontrarás a continuación:

1. Haz un listado de cien empresas en donde te gustaría trabajar. Elabora también una lista de personas que conozcas y que creas que podrían ayudarte. Ahora cruza las dos listas y analiza cómo podrías llegar a contactar con estas empresas que te interesan mediante algún contacto que tengas y que hayas listado.

   Teniendo en cuenta la propuesta de valor que has elaborado en ejercicios anteriores y las listas que has hecho de las empresas en las que quieres trabajar y de tu círculo profesional, responde las siguientes preguntas:

   — ¿Qué oportunidades reales crees que tienes?
   — ¿Cómo podrías ampliarlas?

2. Piensa qué tres aspectos concretos de tu vida, pequeños o grandes, querrías cambiar el próximo año, en los próximos cinco años y en los siguientes diez.

   Aplicando los objetivos SMART, elabora un plan concreto que te permita conseguir los objetivos que te has marcado.

   — ¿Qué pasaría si no lo consigues y no cambias lo que quieres cambiar a uno, cinco y diez años?
   — ¿Qué precio tendrás que pagar por la inacción?
   — ¿Cómo crees que te sentirás si en estos años no has llevado a cabo el cambio que quieres?

   A partir de lo que has trabajado hasta aquí, aplica todos estos conceptos a tu plan de acción. Recalcula tu ruta si fuera necesario, pero no dejes de avanzar. Siempre adelante.

Cuarta parte

C de Consolidación.
Sé un generador del cambio

«Todos piensan en cambiar el mundo, pero nadie piensa en cambiarse a sí mismo.»

León Tolstói

9

Análisis de riesgos. El plan de contingencia

Frank Herbert, autor del clásico de ciencia ficción *Dune*, afirmaba que no hay un final real, solamente el momento donde detienes la historia, que realmente sigue viva. Nosotros también estamos sobre el final, pero tu historia continúa.

Tu Yo S.L. necesita un proyecto de continuidad que asegure su viabilidad, rentabilidad y crecimiento a medio y largo plazo. ¿De verdad quieres ser el empresario del pelotazo o el artista de un solo éxito?

La verdadera fuerza de EPIC no es solo implantar la semilla del cambio en tu yo interior, sino alentar el crecimiento de frutos mucho más pródigos para que puedas crear el más bello de los jardines.

— EPIC es una filosofía de vida que puedes hacer tuya y que te ayudará a entenderte y relacionarte con el mundo que te rodea.
— EPIC es un marco teórico: una perspectiva y una actitud transformadoras con las que observar e interactuar con la realidad.
— EPIC es una estrategia para construir una vida plena y consistente.

En esta cuarta y última parte en la que trataremos sobre la consolidación, compartiré unas coordenadas finales para que el impulso que ha nacido durante el recorrido de este libro se convierta en una fuerza constante el resto de tu vida. No hay secretos ni fórmulas o atajos en la búsqueda de tu felicidad y bienestar personal. Muchas veces, cuando creemos que lo hemos logrado, aparecen nuevas dificultades y nos sentimos desfallecer, pero debemos recordar que lo que sí está a nuestro alcance es desarrollar las actitudes y aptitudes necesaria para esquivar los escollos de la vida.

Muchas empresas desarrollan planes de continuidad de negocio en los que simulan los distintos escenarios y riesgos que podrían afectar al desarrollo de su actividad económica, desde una interrupción del servicio hasta la aparición de un nuevo competidor, pasando por una crisis, una huelga o un accidente. Te invito a analizar los posibles peligros que suelen amenazar un proyecto de cambio como el que estás emprendiendo. Me gustaría compartir algunas técnicas para que puedas anticiparte y prever estos peligros con lucidez, o afrontarlos y superarlos con serenidad. Reúne a tu gabinete de crisis: vamos a poner en marcha el plan de contingencias de tu empresa vital. De esta manera estarás listo para que tu CEO interior, que lidera todos los departamentos de tu empresa vital, enfrente orgánicamente el desafío que nos presente cualquier hecho disruptivo. ¿Sabías que una abeja vive poco más de un mes y que en ese tiempo extrae polen de unas mil flores para producir cerca de una cucharada de miel? Solo es una cucharada de miel, pero para la abeja es toda una vida, *su* vida. No subestimes tus logros, tu cambio; tampoco su continuidad. Es una vida, la tuya.

Vamos a revisar cuatro áreas muy sensibles sobre las que mantener el foco para asegurar la continuidad del bienestar de tu empresa vital, para vivir con plenitud «por siempre jamás», como en los cuentos de cuando éramos niños.

No pierdas el foco, mima tu atención

El primer hábito que debemos incorporar para lograr nuestra empresa vital es la atención. La atención es un estado de observación y alerta, y es uno de los bienes más preciados en la actualidad por su valor económico y social. Como proceso cognitivo, la atención es la capacidad de seleccionar y concentrarse en los estímulos relevantes. Para las multinacionales tecnológicas la atención es su modelo de negocio, para tus hijos es amor, para tu jefe es productividad. No obstante, la llamada «economía de la atención» —sistema de organización y monetización de los estímulos que recibimos las personas— nos lleva a mirar el móvil más de un centenar de veces, a desatender el trabajo que estamos realizando para nuestro jefe y, en ocasiones, a no mostrar el necesario interés por nuestros hijos.

¿Qué es un estímulo relevante? ¿Dirigimos nuestra atención hacia donde nosotros realmente queremos? Más importante aún, ¿la controlamos? Simone Weil, una de las grandes pensadoras del siglo XX, aseguraba que «la atención es la forma más extraña y pura de generosidad» por su carácter trascendente: «La atención consiste en suspender el pensamiento, en dejarlo disponible, vacío y penetrable al objeto, manteniendo próximos al pensamiento, pero en un nivel inferior y sin contacto con él, los diversos conocimientos adquiridos que deban ser utilizados. Para con los pensamientos particulares y ya formados, la mente debe ser como el hombre que, en la cima de una montaña, dirige su mirada hacia adelante y percibe a un mismo tiempo bajo sus pies, pero sin mirarlos, numerosos bosques y llanuras. Y sobre todo la mente debe estar vacía, a la espera, sin buscar nada, pero dispuesta a recibir en su verdad desnuda el objeto que va a penetrar en ella».

De profundas raíces religiosas, Weil consideraba que la oración era una de las vías para trabajar esta atención, creencia que comparto. Para otros, será la meditación o cualquier otro ejercicio de anclaje; cualquier práctica que nos permita trabajar la conciencia plena. Cultivar la atención hacia aquello que es relevante para nosotros, así como controlarla y dirigirla en nuestro provecho, es básico para mantener el foco. Y no tanto en referencia a nuestro propósito vital, que puede variar o evolucionar a lo largo del tiempo, sino en relación a la conquista de una vida plena. Asegúrate de no despedir sin querer a tu CEO interior o de que no se marche a trabajar para la competencia sin que te enteres: él cuidará de ti, te guiará sabiamente y, lo más importante, se asegurará de que tomes decisiones de forma libre, sin agendas ocultas, de que vivas según la misión, la visión y los valores de tu empresa vital.

Aseguran que el monje budista Matthieu Ricard es el hombre más feliz del mundo, aunque en su *otra vida*, antes de asentarse en el Tíbet y dedicar su vida a la meditación trascendental, trabajó como biólogo molecular en el Instituto Pasteur de París. He mencionado con anterioridad que hay estudios científicos sobre meditación que demostraron cómo esta incidía directamente en la plasticidad de nuestro cerebro, por lo que lo predisponía a modificaciones. Matthieu Ricard fue uno de los participantes (y colaboradores) de esta investigación. Autor de varios libros, Ricard centra la consecución de la felicidad, entendida como un cúmulo de bienestar, en dos aspectos fundamentales: la paz interior y la libertad de elección y pensamiento. Ya hemos hablado de ambas aquí. Sin embargo, lo interesante y revolucionario de la aproximación de Ricard reside en cómo propone alcanzar el bienestar y, lo más importante, cómo mantenerse en él. Afirma que es posible sentir plenitud y tristeza o dolor al mismo tiempo, pues la plenitud es un estado, no una emoción o un sentimiento, y mucho menos un pensamiento. La plenitud es una elección. Concretamente, la plenitud reside en la libertad de elección, que nos otorga foco, coraje, serenidad y confianza. Entender e interiorizar esta idea nos permitirá sortear las dificultades y reveses, pues nos ofrece una visión de la vida mucho más compleja y elevada. El bienestar no equivale al placer efímero que nos produce un pastel de chocolate, que desaparece una vez lo hemos comido con avidez, e incluso puede causarnos disgusto si lo comemos durante una semana seguida. No, el bienestar es una red construida por nosotros a lo largo de los años, que nos sostiene con firmeza y nos mece con dulzura.

Para Ricard el camino hacia el bienestar es la meditación, la trascendencia. Hemos descrito aquí los beneficios físicos y psicológicos de su práctica. Sin embargo, da igual qué técnica uses si se persigue el mismo fin: poner foco y atención. La consolidación de tu plan de vida, la supervivencia de tu empresa vital en el complejo mercado de la existencia pasa por alcanzar un equilibrio holístico, por tu capacidad de alimentar el círculo virtuoso de la armonía. Vivir en el presente, poner foco y atención y practicar la benevolencia —un poco más adelante hablaremos de la importancia de la gratitud— son tres simples pero poderosísimas acciones que no solo pueden ayudarte a lograr el bienestar deseado, sino a permanecer en él. Hemos escuchado que la meta no es el objetivo, que lo importante es el proceso, la carrera que nos conduce allí. Yo añadiría: el objetivo es trabajar la perspectiva y la actitud con las que podrás correr tantas carreras como desees y llegar siempre a la meta.

Cuida de ti (también de los tuyos) y déjate cuidar

El segundo y el tercer hábito de la consolidación de tu empresa vital van estrechamente unidos y se resumen en una clara llamada: ¡cuida de ti y déjate cuidar!

Como empresario, cuidas o cuidarías de tus empleados; como miembro de una familia, haces lo mismo con tus padres, tu pareja o tus hijos; también cuidas de tus amigos, pero ¿cuidas de ti? Por desgracia, no solemos aplicarnos a nosotros mismos los mismos estándares que aplicamos a los demás. Con demasiada frecuencia nos desenfocamos y nos desatendemos.

A lo largo de los años he ido creando una serie de hábitos y rutinas con las que recuperar el foco y centrar la atención en uno mismo. Comparto contigo este decálogo que contiene algunas de las prácticas que mayor rentabilidad me han dado. Tú tendrás que encontrar las que mejor se adapten a tu empresa vital.

1. Mantener un horario regular de sueño.
2. Asegurarme espacios y tiempos de soledad durante el día (meditar, orar, etcétera).
3. Beber mucha agua.
4. Poner siempre algo de verdura o fruta en todos los platos del día.
5. Reducir la ingesta de comida procesada, azúcares y sales.
6. Planificar y ordenar mis comidas para evitar excesos.
7. Caminar y subir escaleras siempre que pueda.
8. Practicar regularmente deporte.
9. Poner un límite horario a las pantallas.
10. Leer.

Pueden parecer simples, pero toda acción es poderosa, por pequeña que sea. En palabras del psicólogo Steven Handel: «...cada elección que haces influye en tu vida de alguna manera. Cuando tus elecciones se arraigan en la rutina diaria, terminan convirtiéndose en hábitos difíciles de cambiar. Nuestras elecciones diarias son una parte importante de cómo nos vemos a nosotros mismos y cómo vivimos».[16]

Tengo que confesar que, aunque llevo varios años con un entrenador personal maravilloso, algunos puntos del decálogo me cuestan mucho. Soy un procrastinador nato en cuanto a practicar deporte o hacer dietas. Por suerte, estoy rodeado de gente que me apoya y que me motiva para no desfallecer. Ser consciente de las dificultades me ayuda a poner foco en mí. Hay épocas en las que fracaso estrepitosamente, otras en las que soy un alumno disciplinado. Lo importante, como veremos un poco más adelante cuando hablemos de gestión del tiempo, es entender que atendernos es cuidar de nosotros y que cuidar de nosotros es priorizarnos, y que al priorizarnos ponemos foco en nosotros mismos; y ese es el círculo virtuoso de la atención y la conciencia plena que queremos conseguir.

Cuidar de uno mismo también implica aceptarse y mostrarse vulnerable. Como veíamos en el capítulo anterior, somos quienes somos y eso nos hace maravillosos y suficientes. No eres perfecto y no necesitas serlo: nadie espera que lo seas tampoco. Deja de sentirte culpable por asaltar la nevera fuera de horas y ponte a trabajar: crea un método con unos objetivos realistas y asequibles para comer de forma saludable y equilibrada; y si una tarde acabas devorando las chucherías que tu hijo te había dejado en custodia, no te flageles; mañana lo harás mejor. Método y disciplina, pero también aceptación y autocompasión.

Para tener una vida plena es necesario estar en paz con nuestro entorno. Esto es fácil de enunciar, pero muy complicado de llevar a cabo. Quizá hayas tenido la inmensa suerte de haber nacido en una familia con profundos lazos afectivos y que, además, sea tu gran sostén, el motor de tu transformación. Sin embargo, podría suceder todo lo contrario. Quizá has logrado crear tu propia familia o tribu a lo largo de los años, una sólida red, quizá no. La familia y nuestros círculos de confianza más cercanos son fuente de amor y desamor, de esperanza y desasosiego, y como nosotros mismos, son imperfectos y contradictorios.

El hecho es que, lo queramos o no, somos parte de un ecosistema familiar. Tenemos un origen y unas raíces que nos han convertido en quienes somos. Son la masa madre a partir de la cual ha fermentado nuestra personalidad y carácter. Sin embargo, esta es solo una parte de la historia: nosotros, mediante nuestras elecciones y experiencias, también hemos moldeado esta mezcla hasta convertirnos en quienes queremos ser. Somos fruto del amor o el desamor que vivimos de niños, de la noción de intimidad y cercanía que nos inculcaron nuestros padres, hermanos o amigos a medida que crecíamos, de las creencias limitantes y los argumentarios sociales que nos rodearon durante nuestra crianza.

El psicólogo de la personalidad Brian Little afirma que los aspectos biológicos influyen tanto en nuestra forma de ser como los experienciales, sociales o culturales, pero destaca uno de ellos, el «idiogenético». Para este brillante investigador, los seres humanos somos más que un puñado de rasgos. Criarte en una casa con muchos hermanos puede haberte hecho más competitivo; perder a tu madre demasiado pronto, madurar antes de tiempo; crecer en una comunidad muy cerrada, desconfiar en exceso de los demás. Sin embargo, asegura Little, más allá de las casillas y de los test de personalidad, son tus acciones, proyectos y propósitos los que han tejido principalmente el tapiz de tu vida. Little habla de los «rasgos libres», aquellos que aparecen de forma disruptiva cuando algo nos importa de verdad. Eres tú venciendo tu introversión el día de tu boda, eres tú siendo asertivo el día en que alguien sobrepasa un límite con uno de tus hijos. En definitiva, tú eliges el poder que le das a tu pasado, pues no estás ligado a él con cadenas visibles ni invisibles. En tu camino hacia el bienestar, tu familia y círculo de confianza pueden convertirse en tu brújula. Aprovecha esta bendición y da gracias por ello. Sin embargo, si se da el caso contrario, no temas objetivar, como CEO que eres, los beneficios que una u otra alianza pueden reportar a tu empresa vital. Profesionaliza también la gestión de tu familia con el objetivo de hallar paz y estabilidad, de encontrar perdón y reconciliación, de asumir pérdidas y renuncias; incluso de alejarse o alejar, de forma temporal o permanente, a todas aquellas personas tóxicas que nos hieren, que no saben querernos o que minan nuestra energía. Tu Yo S.L. puede elegir a los miembros de su consejo de administración.

Agenda tiempos para pasar con los tuyos, conviértelos en una prioridad —no lo des por sentado—, comunícate y construye junto a ellos. En la sección «Los círculos de confianza: nombra tu consejo de administración», hablamos del sistema CERCA, una metodología para vivir en comunión con el otro: Corazón, Empatía, Respeto, Calidad y Atención.

Por desgracia, en ocasiones también debemos prescindir de trabajadores que por distintos motivos no se ajustan a la cultura de la empresa o no responden a sus necesidades. No temas llevar adelante esas acciones. No rompas ninguna relación sin antes hablar con esa persona y establecer una conversación sincera. Encuentra la manera de comunicar tus sentimientos y pensamientos, de compartir tus emociones. Sin embargo, llegado el momento, despídete con humildad y consideración, pero aleja la toxicidad de tu vida, mantén distancia con aquellas personas que debilitan, en tu opinión, tu bienestar, prescinde de cualquier relación basada en el maltrato o abusos de distinto tipo.

En resumen, la consolidación debe entenderse como un plan holístico, y el cuidado, propio y ajeno, es el centro neurálgico de ese plan. Ante los rigores y los reveses, mimaremos nuestro cuerpo y nuestra mente. Ante los miedos, las inseguridades y las incertidumbres, confiaremos en nuestras aptitudes y actitudes, tomaremos perspectiva, seremos autocompasivos. Ante los riesgos, los peligros o las dificultades, podremos recurrir a una mano amiga que nos ayudará a salir a flote, a un hombro fuerte que nos sostendrá cuando nuestros pasos sean inestables, a un oído honesto que escuchará nuestras dudas. A la vez, nosotros seremos mano, hombro y oído para otro; practicaremos la empatía y benevolencia. Y es en esa reciprocidad, en este círculo virtuoso, donde lograremos mantener nuestro propósito o proyecto y, especialmente, vivir con plenitud. «Quiere a los demás como a ti mismo», dice el Evangelio. Como a ti mismo: no te dejes de lado.

Mantén a raya las adversidades

Otro de los principales riesgos a los que deberá hacer frente nuestra empresa vital a lo largo de su existencia es la recurrente llegada de recesiones exteriores o interiores: las primeras nos roban el tiempo y las segundas, la motivación. Empecemos por las primeras.

Un nuevo enemigo: el ladrón del tiempo

El tiempo es tan equitativo como inexorable, tan indispensable como insustituible; no lo podemos ni almacenar ni modificar. El tiempo, una de las unidades más democráticas que existen, es una de nuestras mayores riquezas y, en consecuencia, una de nuestras grandes obsesiones como individuos y sociedad. Unos quieren ganar horas al día, optimizar sus agendas, alcanzar la mayor productividad posible; otros, por el contrario, anhelan detenerlo, concentrarlo y aprehenderlo. Sin embargo, el reloj cuenta las horas al mismo ritmo para todos.

A todos nos anima un mismo deseo: vivir plenamente. ¿Por qué sentimos con tanta frecuencia que fracasamos en este empeño? El progreso de la vida moderna nos ha traído velocidad e inmediatez. Vivimos a contrarreloj, sin saber muy bien qué pasará cuando el contador llegue a cero. Escuchamos los mensajes en el móvil a doble velocidad o cerramos la pestaña del menú de una página web si tarda más de tres segundos en cargarse. Estamos ocupados. No estarlo podría significar que hemos perdido el ritmo, que nos estamos quedando atrás. Y sin embargo, son muchos los que se han rebelado contra esta dictadura.

Carl Honoré, creador de la filosofía *Slow* y autor del popular *Elogio de la lentitud*, dice: «Vivir deprisa no es vivir, es sobrevivir. Nuestra cultura nos inculca el miedo a perder el tiempo, pero la paradoja es que la aceleración nos hace desperdiciar la vida». Viajar no debería ser correr de un lugar a otro como pollo sin cabeza para poder ver (o más bien fotografiar) todos los puntos relevantes y experimentar todo lo experimentable de un destino turístico. Socializar no debería ser una carrera de actividades cada vez más excitantes y sorprendentes con gente todavía más excitante y sorprendente, una competición que mostrar en Instagram o retransmitir en TikTok. El objetivo de este libro no es hacer un análisis filosófico, social y cultural de nuestra sociedad, pero invitar a una reflexión sobre el uso que hacemos de nuestro tiempo merece la pena. Un día tiene veinticuatro horas y una semana, ciento sesenta y ocho. Si vives hasta los ochenta años tendrás cuatro mil semanas de vida. Parece mucho tiempo, pero realmente no lo es.

La clave está en ser dueños de nuestro tiempo, en entenderlo como un derecho. Es preciso que aprendamos a usarlo sabiamente. No es un regalo ni un privilegio, y su valor es incalculable. No estoy hablando del tiempo que ganamos siendo más productivos y realizando las tareas más rápido, sino de lo que dejamos de hacer «por falta de tiempo». Un día ajetreado y estresante, sin un momento de descanso, te seca hasta tal punto que cuando tu hijo te pide que le leas un cuento, lo mandas a la cama o eliges el más corto que encuentras. Tratas el que podría ser uno de los mejores momentos del día (para ambos) como una tarea mecánica más. Técnicamente, hemos optimizado el tiempo y hemos *llegado a todo*, pero ¿te has preguntado a qué precio o si has sido dueño de tu tiempo o simplemente has simulado tener el control sobre él?

Mi intención aquí no es alentarte a convertirte en una persona más eficaz y productiva —ese puede ser un efecto colateral—, sino ofrecerte armas para luchar contra los más comunes ladrones del tiempo, esos que llegan a nuestras vidas para absorber toda nuestra energía, mermar nuestra perseverancia y acabar con nuestra paciencia. Es preciso que llegues al final del día habiendo cumplido con tus tareas, pero con la fuerza necesaria para dedicar tiempo a tus otros propósitos, proyectos o sueños. Para sentir que el tiempo te pertenece, para ejercer tu derecho de hacer con él lo que te plazca. Para contarle no uno, sino dos cuentos a tu hijo. Para ir a clases de canto. Para cocinar sabrosas recetas a tu familia. Para lanzar un negocio *online* con un socio. Para leer.

Más que ir «ahorrando» minutos de todos lados, creo que es más inteligente y tiene más sentido dar al tiempo su verdadero valor y gestionarlo de manera lógica. Laura Vanderkam, especialista en gestión del tiempo, afirma: «No construimos la vida al ahorrar tiempo. Construimos la vida que queremos y el tiempo se ahorra por sí mismo».

En general, somos unos pésimos gestores del tiempo. Nuestras agendas son coladores llenos de agujeros por los que se nos escapan horas, días enteros. Las tareas irrelevantes, aquellas que no tienen sentido ni no nos aportan nada, suelen ser las culpables de esto. Cuidar de nuestro bienestar también significa analizar y planificar mejor nuestro tiempo. Una de las fuentes de mayor estrés es justamente su mal uso, como cuando practicamos el famoso *multitasking*. ¿Alguna vez te has preguntado por qué te relaja conducir, cocinar o hacer deporte? Son actividades que solo te permiten hacer una cosa a la vez, te piden foco y atención plena.

Continuamente malinterpretamos qué significa gestionar el tiempo. Lo confundimos con aprovecharlo, con exprimirlo tanto que acabamos agotándonos a nosotros mismos. No es cuestión de ponernos al día con los mensajes pendientes en los segundos en los que subimos en ascensor a la cita que tenemos con el médico; tampoco de comer mientras atendemos por teléfono a un cliente. Si bien es cierto que ser dueño de tu tiempo maximiza tu capacidad de acción, no se trata de aprender a hacer más cosas en menos tiempo. La idea es hacerlas con mayor sentido y, por tanto, eficacia. Vivir no debería ser un juego de malabares. No debería ser pasarte el día preocupado porque no recuerdas si al irte de casa por la mañana has cerrado la puerta con llave.

El *multitasking* es uno de los principales ladrones de tiempo y energía, que solo genera insatisfacción e ineficacia. Además, no funciona. Está probado. El tiempo que requiere una tarea crece de forma proporcional al número de veces que esta ha sido interrumpida; sin embargo, el valor de una tarea no crece proporcionalmente al tiempo que se le dedica. Nuestro rendimiento tiene relación directa con la planificación, con no mezclar lo importante con lo trivial, lo grande con lo pequeño, lo urgente con lo que no lo es. Al hacerlo, perdemos eficacia y energía, nos agotamos rápidamente, como si hubiéramos corrido los cien metros lisos. Sin embargo, son pocas las tareas que necesitan que seamos Usain Bolt. Es en estos momentos cuando procrastinamos, cuando sentimos que nos rodea el caos, cuando tenemos la sensación de perder el control y de no saber hacia dónde tirar, cuando nos invade el estrés. Siempre vivimos apagando fuegos, resolviendo crisis. ¿Para qué vivir así? ¿Por qué? No tienes que demostrar que estás siendo útil todo el rato, tienes que serlo. Un reciente estudio[17] afirma que si se redujese el estrés en el trabajo se podrían evitar el dieciocho por ciento de los trastornos depresivos. De hecho, la Organización Mundial de la Salud acaba de incorporar el síndrome de desgaste profesional, el famoso *burnout*, a su catálogo de dolencias y enfermedades (Clasificación Internacional de Enfermedades; CIE-11). Este organismo estima que al menos un diez por ciento de los trabajadores sufre ahora mismo esta patología. ¿Cuántas semanas de tu vida llevas así? ¿Cuántas más quieres seguir con esa opresión en el pecho, aguantando la respiración?

Quiero compartir tres técnicas clásicas para gestionar de forma más eficaz el día a día. A mí me sirven para encarar la vida con mayor perspectiva y mejor actitud, con foco y atención, con determinación y valor.

En una ocasión le preguntaron al astronauta Neil Armstrong si él era de los que veían el vaso medio lleno o medio vacío. De forma sorprendente, contestó: «Yo lo que veo es que sobra medio vaso». Hay muchas aproximaciones a un problema, tantas como mentes lo aborden. Encuentra las tuyas: busca perspectivas distintas, tu propia visión, no te resignes a las respuestas dadas o impuestas.

La primera técnica es el principio de Pareto o la regla del 80/20. Creada por el economista italiano Vilfredo Pareto a finales del siglo XIX, esta teoría afirma que el ochenta por ciento de los beneficios de toda tarea es producto del veinte por ciento de las acciones que esta requiere; del mismo modo, el ochenta por ciento de las distintas acciones que componen un proceso solo genera el veinte por ciento de los beneficios. Por ejemplo, de todas las aplicaciones que tenemos en el móvil, acabamos utilizando solo el veinte por ciento; de toda la ropa que tenemos en el armario, solemos usar de forma recurrente... ¡el veinte por ciento! ¿Qué nos muestra este principio? No dediques tiempo a tareas que no valen la pena: no necesitas pasar dos horas diarias procrastinando en redes sociales. Tampoco tienes que aceptar otro encargo de ese cliente demandante, que paga tarde y mal. El éxito de una buena gestión del tiempo se basa en saber priorizar. Cuando elijes hacer A, no estás haciendo B, y no eliges B porque no está entre tus prioridades. Los cristales de tu casa acumulan polvo desde hace meses porque no está entre tus prioridades limpiarlos. No quieres hacerlo y ya está. Si te ofrecieran hacerlo por un millón de euros, quizá todo cambiaría. Sin embargo, y hasta que alguien te lo ofrezca, prefieres hacer otras actividades. O quizá se convierta en una prioridad para ti cuando la suciedad ya no te deje ver a través de ellos o porque vienen tus padres de visita.

La segunda técnica tiene un nombre evocador, *Pomodoro*, y tiene como objetivo aprender a asignar un tiempo determinado a cada tarea. Se inspira en de la ley de Parkinson, enunciada por el historiador británico del mismo nombre en 1957, que asegura que toda actividad puede expandirse hasta el infinito, pues «el trabajo se expande hasta llenar el tiempo de que se dispone para su realización». La técnica Pomodoro propone dividir el trabajo en tareas más pequeñas y, por tanto, más fáciles de manejar, con el objetivo de reducir la fatiga mental, minimizar las distracciones, mejorar la concentración, así como mantener la motivación. Su nombre procede del cronómetro en forma de tomate (*pomodoro*, en italiano) que usó su creador, Francesco Cirillo. Esbozó esta estrategia a finales de la década de 1980, cuando era estudiante universitario y dedicaba sesiones de diez minutos de alta concentración para sus tareas académicas.

Finalmente, quiero compartir contigo la matriz Eisenhower.

	Urgente	No urgente
Importante	Hacer	Decidir
No importante	Delegar	Eliminar

Matriz de Eisenhower.

Este cuadro es una herramienta para discernir entre lo urgente y lo importante. Recibió su nombre del 34.º presidente de Estados Unidos, Dwight D. Eisenhower, después de que dijera en un discurso en 1954: «Tengo dos tipos de problemas, los urgentes y los importantes. Los urgentes no son importantes y los importantes nunca son urgentes». Varias décadas después, el famoso gurú del *management* Stephen Covey, autor de *Los 7 hábitos de la gente altamente efectiva*, tomó sus palabra para elaborar esta herramienta. Toda tarea pendiente debe ser ubicada en uno de sus cuadrantes:

— Prioritario. Se refiere a lo realmente urgente, aquello que tiene un plazo o una consecuencia directa, como podría ser arreglar una tubería rota que está inundando nuestra casa o atender una crisis de reputación en redes sociales de un importante político.

— Programable. Tiene que ver con todo aquello que podemos planificar para desarrollar con éxito lo realmente importante. Por ejemplo, atender a un nuevo cliente o pedir una entrevista con la profesora de tus hijos.

— Delegable. Son aquellas tareas que no requieren de nuestras habilidades específicas y que podemos traspasar a alguien de confianza para aligerar nuestra carga de trabajo, desde cambiar un suministro del hogar hasta pedir a alguien del equipo que haga el borrador de un presupuesto.

— Eliminable. Son distracciones o tareas innecesarias, como asistir a esa reunión en la que ni siquiera sabes por qué te quieren o ver la televisión sin saber ni lo que estás viendo.

En conclusión y resumiendo las ideas aquí esbozadas, para luchar contra los ladrones de tiempo:
— Analiza, prioriza y planifica. ¡Muerte al *multitasking*! ¡Viva el *monotasking*!

— No dilates las actividades, asígnales tiempos. Los expertos aconsejan que las delimites en cápsulas, y que no dejes para mañana lo que puedas hacer hoy.

— Fracciona las tareas para abordarlas mejor.

— Escribe tus ideas cuando se te ocurran: más vale lápiz corto que memoria larga.

— Evita todas las interrupciones posibles: silencia o aparta el teléfono móvil, compartimenta los momentos en los que consultar el correo electrónico o los mensajes, pacta horas silenciosas en las que no contestes al teléfono, etcétera.

— Delega todo aquello que sea delegable. Al principio puede llevarte más tiempo, pues tendrás que informar o formar, pero a medio o largo plazo te liberará de una gran carga de trabajo.

— No intentes abarcar demasiado. Haz una lista realista de lo que puedes hacer cada día. Deja espacios muertos que funcionen como colchones para descansar, para reprogramar, para replanificar, para poder hacer frente a los imprevistos.

— Cronometra las tareas. Te ayudará a limitar el tiempo dedicado, pero también a conocer cuánto tiempo necesitas para tal o cual actividad.

— Di «no» cuando sea necesario.

Aplica método y disciplina también en la gestión del tiempo; hazlo mediante hábitos y rutinas. Dicho esto, quiero hacer una pausa y que consideremos que la vida es mucho más que una concatenación de tareas, proyectos, incluso que la búsqueda de nuestro propósito. La vida hay que vivirla, como nos insta el periodista Oliver Burkeman en su libro *Cuatro mil semanas*: «La productividad es una trampa. Ser más eficiente solo consigue que vayas más acelerado, y tratar de despejar el camino que tienes por delante no hace más que espesar cada vez más la maleza que aparece a tu alrededor. Nadie en la historia de la humanidad ha logrado jamás "conciliar la vida laboral y familiar", sea lo que sea eso, y desde luego no lo conseguirás reproduciendo las "seis cosas que las personas con éxito hacen antes de las siete de la mañana". No llegará nunca el día en el que lo tendrás todo bajo control, en el que la avalancha de correos electrónicos se mantendrá a raya, en el que tu lista de cosas por hacer dejará de crecer, en el que habrás cumplido con todas tus obligaciones en el trabajo y en casa, en el que nadie estará molesto contigo por dejar pasar una fecha de entrega o cometer un error, y en el que la persona totalmente optimizada en la que te habrás convertido podrá, al fin, abordar las cosas que de verdad dan sentido a la vida. Empecemos por admitir la derrota: nada de eso va a pasar. Pero ¿sabes qué? Es una maravillosa noticia».

¿Nos permite la sociedad en la que vivimos tomarnos esta licencia tan provocativa y revolucionaria? ¿Nos damos permiso para parar, reflexionar y tomar decisiones conscientes? Sentimos la necesidad de rentabilizar cada segundo de nuestra existencia, de hacer que valga la pena. Sin embargo, reconocer que el tiempo es finito y que nuestra capacidad para controlarlo tiene sus límites nos empodera y es una liberación al mismo tiempo.

— Deja de querer controlar hasta el último segundo del día y reserva espacios para la improvisación o el disfrute.

— No es necesario que seas siempre útil y eficaz. Puedes no serlo un día, dos o todos los que sean necesarios.

— Usa la optimización de la gestión del tiempo para tu bien: para ser más productivo cuando quieras serlo, para descansar y desconectar cuando lo necesites.

— ¿Son todas tus necesidades una prioridad? Medítalo.

— Tienes la capacidad (y el derecho) de elegir en qué quieres ocupar gran parte de tu tiempo. Úsala de verdad.

— Por mucho que ames lo que haces, no hay un único propósito vital. No priorices solo un aspecto de tu vida. Identifica la importancia que tiene para ti cada dimensión de la vida y dedícale el consecuente esfuerzo, sin olvidar el conjunto. Haz categorías —por ejemplo, profesional, social y personal— y dedícales tiempo. Puedes volver sobre los cuadrantes que he propuesto para trabajar el carácter y la personalidad.

ELIGE VIVIR

— Sé consciente de que fracasarás y de que, en alguna ocasión, tendrás que dejar ir o hacer renuncias.

— Valora todo lo que haces, no solo lo que no has hecho o tienes pendiente hacer.

— No te conviertas en un autómata, no eres un robot.

No hacer nada a veces es hacerlo todo. El foco y la atención también están en el silencio, la introspección y la pausa. Walt Whitman escribió: «La felicidad no está en otro lugar, sino en este lugar; no en otra hora, sino en esta hora».

Un viejo amigo: el saboteador

El saboteador ya ha tenido su protagonismo en este libro, pero lo traigo a colación aquí en relación a este proceso de consolidación que estamos tratando porque, aunque hayas logrado tu propósito y creas haber alcanzado tus objetivos, el saboteador interno aparecerá y encontrará la manera de decir lo suyo. Nos susurrará al oído que no somos capaces o que nos estamos equivocando. Nos invitará a procrastinar o desistir ante la primera dificultad. Afirmará que no estamos preparados, que no nos lo merecemos, que somos unos impostores o que en cualquier momento todo se vendrá abajo.

He desarrollado una técnica propia para mantener a raya estos diálogos internos tóxicos o pensamientos negativos en espiral que nos impiden consolidar nuestro cambio.

Mi método, llamado POSEIDÓN, tiene justamente como objetivo que mantengas el foco y la atención, que tomes perspectiva cuando tu saboteador interno emerja desde las profundidades. La idea es que te permita pasar del diálogo interno a la resolución de conflictos. Poseidón, dios griego de los mares, te dará la fuerza necesaria para calmar las aguas revueltas por aquel oleaje continuo, generado por tormentas lejanas, por el gran monstruo marino creado a partir de tus creencias limitantes, de las dicotomías falaces, de tus miedos.

— P de Perspectiva. Aproxímate al problema desde distintos ángulos.

— O de Objetividad. Racionaliza tus sentimientos o pensamientos.

— S de Sentimiento. Identifica lo que sientes, defínelo para poder enfrentarlo.
— E de Éxito. Determina qué solución o soluciones podrías darle al problema.

— I de Imaginación. Encuentra alternativas.

— D de Detalles. Pormenoriza cómo llevarlas a cabo.

— O de Observación. Analiza el problema desde un punto de vista externo.

— N de Nuevos pasos. Valora cómo proseguir.

Veamos un ejemplo: Martina es una estudiante modélica de Derecho, pero está pensando en dejarlo. Aunque le quedan un par de asignaturas para acabar la carrera y ha sacado buenísimas notas desde que empezó, se siente una impostora. Cree que jamás podrá ejercer la abogacía. En su cabeza, hay datos y más datos, pero siente que no será una buena abogada. Antes de tomar la decisión, decide hacer una última reflexión aplicando el método POSEIDÓN.

— P de Perspectiva. Martina piensa que quizá su idea de abandonar Derecho tiene que ver con la presión ante los exámenes finales. Está agotada y sobrecargada de trabajo. ¿Puede el estrés estar jugándole una mala pasada?

— O de Objetividad. Martina anota todos sus logros académicos y repasa sus experiencias laborales. Durante los últimos cinco años ha hecho prácticas en media decena de empresas y bufetes y ha recibido ofertas laborales al terminarlas. Todas han dado muy buenas referencias de sus actuaciones. Se ha formado y tiene experiencia, está lista para ser abogada.

— S de Sentimiento. Martina siente miedo, se da cuenta de que está entrando en pánico. Cuando termine la carrera, ya no será una estudiante en prácticas, será una abogada y tendrá responsabilidades, y eso la aterra. Teme fracasar, hacer el ridículo, no estar a la altura, defraudar.

— I de Imaginación. Martina se propone trabajar su autoestima, pero especialmente aceptar sus carencias y limitaciones, reformular su perfeccionismo.

— D de Detalles. Ha decidido tomarse un poco más de tiempo para acabar la carrera y separará los dos exámenes que le quedan un par de meses, presentándose a distintas convocatorias. Así podrá descansar entre examen y examen. Buscará momentos privados para pensar qué desea hacer cuando termine los estudios, para simplemente poner foco en ella y atenderse, para quererse un poco.

— O de Observación. Echando un vistazo a la situación desde fuera, piensa en lo que le diría a una amiga si se encontrara en su mismo lugar y cree que está actuando correctamente.

Le diría que se lo tomara con calma, que esto no es ninguna carrera, que se tenga en cuenta, que se escuche.

— N de Nuevos Pasos. Martina cree está tomando las decisiones adecuadas para recuperar el rumbo. ¿Podría necesitar un año sabático antes de buscar trabajo? Quizá no le iría nada mal.

Como en la vida de Martina, durante la fase de consolidación de tu propósito o proyecto se presentarán obstáculos y dificultades que deberás enfrentar; a veces simplemente tendrás que elegir. Que un mal día no eche por tierra todo el trabajo que has hecho, que un comentario de alguien que ni siquiera te importa no haga decaer tu ánimo, que un revés no te haga desistir. Te mereces la nueva vida que deseas, y poder mantenerla el resto de tus días. Priorizar un camino frente a otro o corregir el rumbo puede demorar un poco la llegada a destino, pero llegarás. Con atención y foco, siendo dueño de tu tiempo, llegarás. Como decía Gustave Flaubert: «El futuro nos tortura y el pasado nos encadena. He ahí por qué se nos escapa el presente». Que no se te escape tu presente, átalo bien corto.

Te propongo que desgranes con detalle tu día a día. Toma tu agenda y repasa las semanas. ¿A qué has dedicado el tiempo y cómo lo has gestionado en el período que seleccionaste? Hazte las siguientes preguntas y responde en el cuaderno de pensar.

— Identifica y anota tus buenos y malos hábitos. ¿Qué buenos hábitos querrías potenciar? ¿Qué malos hábitos te gustaría desterrar? ¿Cómo harías ambas cosas?

— Haz tu propio decálogo de hábitos y rutinas en los que te gustaría centrarte en los próximos meses.

— Puntúa de 0 a 10 cómo gestionas el tiempo. ¿Qué conclusiones sacas? ¿Qué deberías hacer para subir la puntuación a 10?

— ¿Cuáles son tus principales ladrones del tiempo? ¿Qué plan de acción vas a llevar a cabo para combatirlos? ¿Qué técnicas crees que pueden serte útiles?

Como siempre, piensa en cómo mejorar tu gestión del tiempo a través de la metodología SMART. Haz una prueba, selecciona un cambio cada vez y analiza los resultados. Si crees que has optimizado algún proceso, sigue aplicando mejoras en distintos aspectos o facetas de tu rutina. No olvides seguir preguntándote aquí, ahora y siempre: ¿cuál va a ser mi plan de acción? Con método y disciplina, estás listo para presentar batalla.

10

Sé un generador del cambio

Cada pequeña acción transforma la realidad. A veces lo hace de forma oculta y no vemos el resultado hasta pasado un tiempo, otras, es casi imperceptible. Ray Bradbury, autor de obras emblemáticas como *Fahrenheit 451* o *Crónicas marcianas,* escribió un relato mítico llamado *Un ruido atronador* cuya publicación dio pie al matemático Edward Lorenz a acuñar el término «efecto Mariposa», que ofreció una nueva aproximación a la teoría del caos. El efecto mariposa nos viene a decir que un pequeño acontecimiento como el aleteo de una mariposa en cierto lugar del mundo puede acabar ocasionando gigantescas consecuencias en otro. En 2020 se supone que acabamos inmersos en una pandemia de proporciones únicas después de que un hombre hambriento decidiera desayunar estofado de pangolín en un mercado chino. Los cambios generan cambios tanto en ti mismo como en los otros y en tu entorno. Tus acciones importan, y mucho.

Dejar de fumar ha reportado a Luis, recién jubilado, un beneficio directo a su salud, pero también varios beneficios secundarios. Su capacidad pulmonar ha mejorado y se siente mejor física y mentalmente. Superar su adicción a la nicotina le ha empoderado, pues creía que no lo conseguiría porque era un fumador empedernido. Envalentonado quizá por el éxito, ha decidido empezar a nadar. Ir a la piscina dos veces por semana se ha vuelto una rutina agradable. Además, la práctica habitual de la natación está mejorando su movilidad. Luis llevaba un tiempo alicaído. Le estaba costando adaptarse a su nueva vida sin trabajar. Sin embargo, desde que empezó a acudir al gimnasio, todos le ven más alegre y jovial. Su familia se lo atribuye a Gerardo, otro jubilado con el que comparte vestuario y con el que desayuna después de hacer ejercicio. Ambos pasan la mañana juntos. Gerardo le ha propuesto a Luis hacer bricolaje y maquetas en su pequeño taller. Enviudó hace un tiempo y conocer a Luis le ha venido de maravilla. Su hija, que acudía a verle cada día preocupada por su actitud cada vez más huraña, está sorprendida por el gran cambio que la amistad de Luis ha provocado en su padre. Juntos están revolucionando el barrio con su pequeño taller, donde están montado una gran maqueta ferroviaria desde hace algún tiempo.

La amistad entre Luis y Gerardo, y su bienestar respectivo, empezó con la indicación de un médico, que instó al primero a dejar de fumar si quería ver crecer a sus nietos. El resto, las elecciones que ambos fueron tomando, los encaminó hacia el momento actual. Es importante saber y aceptar que influimos en el otro: no solo con nuestras acciones, sino también con nuestros pensamientos y sentimientos, que se materializan en emociones o actitudes que trasmitimos a los demás. Todas nuestras acciones tienen impacto en nuestro entorno. Empoderar al Departamento de Calidad de tu empresa vital, cuyo objetivo es perseguir y velar por la virtud de tu empresa, es un inicio, pero no es suficiente. Se puede y se debe ir más allá. Con el método EPIC, la invitación es a que te conviertas en un *changemaker*, un generador del cambio, un líder capaz de crear y difundir ambientes de empatía, benevolencia y cooperación. «Todas las personas pueden cambiar el mundo», decía Bill Drayton, el padre del emprendimiento social gracias a su proyecto Ashoka y premio Príncipe de Asturias de Cooperación Internacional en 2011. Para el inversor, la empatía debería ser difundida y alentada en las escuelas de todo el mundo como la alfabetización.

Practica la Responsabilidad Social Corporativa

En el mundo empresarial este concepto se corresponde con la Responsabilidad Social Corporativa (RSC), que podría definirse como el conjunto de acciones o proyectos que una empresa lleva a cabo no solo en interés del negocio, sino de una comunidad o de toda la sociedad. Hay firmas que trabajan en favor de la sostenibilidad; otras, por erradicar la pobreza infantil. Aunque en muchas ocasiones se trata de campañas de comunicación encubiertas que solo buscan maximizar la imagen de marca, son numerosas las compañías que anhelan contribuir realmente a la construcción de un mundo en el que valga la pena vivir.

¿De qué manera puedes contribuir tú? ¿Qué puedes aportar? No se trata de filantropía ni de voluntariado, sino de coherencia. Uno los grandes desafíos, quizá el más importante, con el que deberá enfrentarse tu empresa vital a lo largo de los años será cómo mantener la fe en ti y en tu propósito. La motivación decae, las fuerzas a veces flaquean, la ilusión se pierde, el coraje, en ocasiones, se diluye. Los motivos son múltiples, pero el principal es la desconexión, la pérdida de foco y atención. Esto ocurre en el momento en el que dejamos de reconocernos en nuestros actos. Cuando perdemos de vista nuestra misión y visión —y especialmente cuando entramos en contradicción con nuestros valores— se produce un desacoplamiento que nos devuelve al punto de inicio, y nos invaden el desasosiego, la languidez o el estrés.

Marcos tuvo un susto. Con cuarenta y cinco años sufrió un infarto. Muy consciente de su estado y siguiendo las directrices médicas, Marcos cambió de vida: introdujo hábitos alimentarios más saludables, rutinas deportivas y técnicas para lidiar con el estrés laboral. Durante un par de años, a pesar de las dificultades, Marcos llevó adelante estos cambios con éxito. Le daba pánico morir, dejar a su familia. Pero con el paso del tiempo se relajó. Por distintas razones (el ajetreo de la vida moderna, sus propias contradicciones, etcétera), se olvidó de los motivos que lo habían llevado hacia su nueva vida, perdió contacto con lo que en aquel momento había sido tan claro, esencial y prioritario: cuidarse para poder seguir viviendo. En el momento del infarto no pensó en los exitosos proyectos que llevaba a cabo en su trabajo ni en todos sus logros vitales, para nada: solo pensaba en su mujer y en sus hijos, en todo lo que había dejado de vivir con ellos, en todo lo que dejaría de vivir si moría en ese instante. Se dijo que aprovecharía al máximo el tiempo que le brindara la vida y que disfrutaría con plenitud de su familia. Sin embargo, el trabajo había acabado siendo una prioridad en demasiadas ocasiones, y por eso había dejado de cuidarse.

Marcos está desconectado de su propósito. Necesita volver a encajar las piezas del puzle, saber que su esfuerzo vale la pena y que este genera cambios en los suyos, que sus acciones tienen un impacto en su entorno. Su familia lo admira por su tesón. Ha inculcado en sus hijos hábitos de vida saludables gracias a su ejemplo. Su pareja también ha tomado perspectiva y desde el incidente del infarto impulsa el tiempo de calidad que disfrutan como pareja. Su compañero de trabajo ha quedado impresionado por el suceso y ha empezado a cuidar su salud también.

Elegir vivir es estar siempre conectados con nuestra esencia, encontrar la coherencia con nuestros actos y avivar el sentimiento de pertenencia. Somos únicos, pero parte de un todo. Para hacer frente a este reto tan vasto, he elaborado la Doctrina de los días plenos (DDP), una serie de recomendaciones para que no le tengas que dar la razón a William Shakespeare cuando decía aquello de: «Malgasté el tiempo, ahora el tiempo me malgasta a mí».

1. Toma perspectiva, cultiva el foco y la atención.
2. Encuentra sentido o propósito.
3. Practica una actitud positiva y posibilista.
4. Da sin esperar nada a cambio.
5. Sé agradecido en todo momento.

Hemos hablado mucho aquí de las tres primeras. Ahora me gustaría abordar las últimas dos.

De la importancia de ser agradecido: la Ley de la Abundancia Infinita

Practicar la gratitud es una de las mejores estrategias de bienestar que puedes autorregalarte y regalar al mundo. Los pensamientos agradecidos son tan poderosos que son capaces de arrinconar de un plumazo los pensamientos negativos, tóxicos o irracionales; son una medicina natural que repara el daño que a veces nos autoinfligimos. Puro bálsamo para el alma. Según la ciencia, cuantas más veces repitamos un patrón, más capaz será nuestro cerebro de reproducirlo. Es la tesis de la neuroplasticidad: una acción o un pensamiento pueden crear nuevas conexiones neuronales. El hábito de ser agradecidos, por ejemplo, puede devenir casi orgánico o automático con la práctica. Aunque de niños nos repitan expresiones como «hay que dar sin esperar recibir algo a cambio» o «cuanto más das, más recibes», cuando crecemos abrazamos el cinismo y olvidamos lo obvio: que ser agradecido nos reporta bienestar espiritual, tal y como se ha demostrado científicamente en distintos estudios.[18] Es fácil ver una conexión rápida y fácil en este razonamiento: soy feliz y, por ello, soy o estoy agradecido. Sin embargo, se puede ir un poco más allá en la reflexión: ¿es esta realmente una causa-efecto? ¿Cuántas personas de éxito o con vidas satisfactorias conoces que no son agradecidas? Al contrario, hacen gala de un carácter huraño o desconfiado. ¿Cuántas personas con vidas truncadas y llenas de carencias conoces que siempre tienen una palabra amable para todo el mundo? Quizá la causa-efecto es la opuesta: no es la felicidad la que te hace agradecido, sino que es el agradecimiento el que te hace feliz.

David Steindl-Rast es un monje benedictino que ha estudiado y escrito al respecto. La suya es una aproximación espiritual en donde explica que la gratitud no debería ser una experiencia momentánea, sino una forma de vida, pues es esta misma la que, de manera espontánea, nos aporta valor. En definitiva, existir es una azarosa oportunidad: un regalo, dice Steindl-Rast.

Tal vez te preguntes: ¿De verdad tengo que sentir agradecimiento si mi pareja me humilla en público, si mi jefe me explota por un sueldo indigno, si mi madre padece una grave enfermedad? Para nada. Steindl-Rast y otros estudiosos nos hablan de estar agradecidos a la oportunidad que cada hecho nos brinda, no tanto al hecho en sí. Agradecer la ayuda de un amigo en una mudanza es fácil, estar agradecidos por rompernos la pierna jugando al fútbol no tanto. Sin embargo, el accidente deportivo que nos inmoviliza en casa durante un par de semanas puede ofrecernos una nueva perspectiva sobre la atención médica en nuestro país o sobre el novedoso placer de pasar largos ratos leyendo. Hasta podríamos descubrir que cada mañana un precioso pájaro cantor se posa en el alféizar de nuestra ventana, revelársenos así que su presencia nos recuerda a nuestra infancia en el pueblo y conectar con sentimientos que creíamos olvidados. Otra opción es pasarnos esas dos semanas enfurruñados y concentrados en nuestra propia desazón por el tiempo que estamos perdiendo tirados en el sofá, a la vez que dedicamos casi todo el tiempo a procrastinar y quejarnos por ello. Cierto es que hay dificultades realmente complejas, pero incluso en esas circunstancias hay aprendizajes, a veces dolorosos. Para Steindl-Rast, la vida es una concatenación de oportunidades para aprender a vivir en el agradecimiento, cuya práctica nos lleva a observarnos a nosotros mismos y a los que nos rodean con foco y atención; también nos hace menos temerosos, nos lleva a creer en la abundancia, nos acerca a los demás, nos conecta con el poder de la empatía y el respeto —por uno mismo, por el otro y por el mundo—, nos convierte en generadores del cambio. Todo son ventajas.

También es necesario aceptar el agradecimiento de los otros. ¿Cuántas veces te has sentido incómodo ante un elogio o has evitado un reconocimiento público? ¿Es vergüenza, humildad o simplemente que no te crees merecedor de ello? Pasamos toda nuestra vida persiguiendo la aprobación de los demás: que nuestros padres se sientan orgullosos de nosotros, que nuestros amigos aplaudan nuestros logros. ¿No es esa la gran baza de las redes sociales? Pero este no es el espacio para hablar del ego, simplemente quiero señalar que vivir en el agradecimiento es dar y recibir, y también pedir.

Marta lleva varias semanas de verano dedicándose al cuidado de sus hijos y de la casa. Como maestra, goza de más días de vacaciones que su marido, por lo que hace ya años que acordaron que ella se encargaría especialmente de los niños durante los meses en que no van a la escuela. Marta los adora y le encanta pasar tiempo con ellos, aunque hay días que se siente desfallecer. Se siente abrumada por las tareas, agobiada por las rutinas. Necesita pasar más tiempo con adultos, satisfacer algunos de sus deseos y necesidades, y no solo las de dos pequeños que se creen el centro del mundo, aunque esto sea normal a su edad. Necesita que su marido la mire a los ojos y le diga: ¡Gracias por cuidar de ellos y de la casa durante estas semanas! ¡Sabemos que es duro, pero lo estás haciendo genial! Como Marta cree que su obligación es hacerlo, no se permite sentir que desea y anhela ese reconocimiento de su marido y de su entorno.

En un mundo en el que todos viviéramos en el agradecimiento, Marta tendría esta necesidad cubierta. Sin embargo, si este no llega, no temas pedirlo. ¿Acaso no pides la carne medio hecha en un restaurante o unos zapatos del número cuarenta en la zapatería? ¿Por qué no levantar la mano y hablar de nuestras necesidades emocionales? Volvemos al tema de la vulnerabilidad. En este caso se combina con la mentalidad de la escasez, que nos invita a desconfiar y competir en lugar de confiar y cooperar. Como creencia limitante, podemos identificarla en comentarios como «esfuérzate, nadie te va a regalar nada» o «no te fíes ni de tu sombra», que nos llevan a ejecutar acciones desde la escasez, ya sea por supervivencia o egoísmo puro. Es ese compañero de trabajo que por miedo a ser despedido revela frente a vuestro superior que fuiste tú el que estrictamente cometió el error. Somos todos nosotros acaparando comida —y papel higiénico— durante los días previos al confinamiento de 2020, cuando estalló la pandemia del COVID-19, por miedo a que hubiera desabastecimiento.

La mentalidad de escasez es intrínsecamente humana. Sin ella no habríamos sobrevivido como especie, pero en nuestra situación actual es reduccionista, tóxica y perversa. Todos hemos pasado por algún estadio parecido en algún momento de nuestras vidas, y algunos están anclados en él como forma de vida. El miedo es muy poderoso, como hemos visto. Lo vemos en personas que están todo el día quejándose, viendo conspiraciones por todos lados, asegurando que son víctimas de complots, terriblemente asustadas.

En contraposición, la mentalidad de abundancia nos permite crecer, nos hace más libres, nos ofrece esperanza; y será fundamental a la hora de consolidar tu propósito y de hallar nuevas oportunidades para tu empresa vital. Abrazar el optimismo, creer y confiar en la existencia de la bondad es la mejor manera de nadar en la abundancia. Hay que apartar de nuestras vidas el cinismo, «el lado oscuro de la fuerza», pues nos aleja de la cooperación, la empatía y, por supuesto, de nuestra propia vulnerabilidad, uno de nuestros bienes más preciados. El cinismo no nos vuelve realistas, nos transforma en personas egoístas y temerosas: vemos enemigos por todas partes, batallas por librar todo el tiempo.

En tiempos de crisis me he visto en situaciones complicadas. En muchas empresas la primera reacción cuando comienzan las dificultades económicas es aplicar medidas reductoras: recortar personal, reducir presupuestos, detener proyectos, etcétera. Las llaman «medidas prudentes de contención». Sin embargo, muchas veces la mejor estrategia es aplicar una visión totalmente opuesta: potenciar el gasto, apretar el acelerador. No siempre somos tan valientes como para llevarla a cabo. Yo recomiendo, en la medida de lo posible, aplicar la Ley de la Abundancia Infinita, cuyo único pero poderoso precepto es: fomenta la mentalidad expansiva frente a la reductora, trabaja la perspectiva vital que se sustenta en la abundancia, en la idea de que cuanto más das, más recibes. Cicerón decía que la gratitud no es, quizá, la virtud más importante, pero sí la madre de todas las virtudes. La Ley de la Abundancia Infinita afirma que debes creer en ti, tener fe en el mundo, que debes abrir tu corazón y tu mente y pensar que es posible, que debes dar y recibir, y ser agradecido. En resumen, es necesario que tu empresa vital empiece a aplicar políticas de Responsabilidad Social Corporativa.

Considerando estas cosas, mi Método 3 × 5 es una fórmula muy útil para identificar los aspectos positivos de nuestra vida, pues es en la mirada confiada y honesta sobre nosotros mismos y sobre nuestra vida donde empieza la abundancia. Todas las noches, antes de acostarte, analiza tu día y responde a estas cinco consignas en tu cuaderno de pensar:

— Identifica tres sucesos que hoy te han hecho pensar.

— Nombra tres hechos inesperados que te hayan sucedido a lo largo del día.

— ¿Qué sensaciones te han suscitado estos hechos? Menciona tres.

— Identifica tres hechos que hacen que este día haya valido la pena.

— ¿Qué cosas te propones hacer mañana? Menciona tres.

Lo ideal es tener un apartado dentro del cuaderno de pensar para este ejercicio. Incluso puedes usar una libreta específica para esta tarea. Si te abruma hacerla todos los días, puedes marcarte tu propio tiempo y hacer un análisis más detallado una vez por semana o por mes. Te invito a que practiques este ejercicio de reconocimiento como una ofrenda. Hacerlo te ayudará a asentar tu mirada positiva y posibilista de la vida, pues incluso en aquellos días grises en los que nos sentimos abatidos, existen resquicios de plenitud. «Del lodo crecen las flores más altas», canta Xoel López en su canción *Lodo*. Es una herramienta muy útil para acallar a tu saboteador interno con buenos argumentos. La tarea no consiste en identificar los grandes momentos de alegría, sino aquellos otros que suelen pasarnos desapercibidos, pero que nos alimentan como el cálido sol nutre a la naturaleza.

Veamos un ejemplo: Marisa tiene cincuenta años y es profesora de instituto. Está divorciada y tiene dos hijos. ¿De qué está hoy agradecida Marisa?

Identifica tres sucesos que hoy te han hecho pensar.	1. La llamada de mi amigo Pedro, a quien no veo hace tiempo. Le echo de menos y creo que deberíamos vernos más a menudo. 2. La reunión con María en el trabajo. No sé si mi trabajo vale la pena, si realmente estoy aportando algo al equipo. 3. El caos que he vivido en una entidad bancaria esta mañana: un montón de ancianos pidiendo ayuda porque no se defienden con la banca electrónica. ¿Los estamos dejando atrás?
Nombra tres hechos inesperados que te hayan sucedido a lo largo del día.	1. Pedro me ha invitado a una fiesta familiar. 2. Sin contar conmigo, María ha anunciado en una reunión que el proyecto que estábamos preparando juntas ya está en marcha. 3. A mi hijo se le ha caído un diente.
¿Qué sensaciones te han suscitado estos hechos? Menciona tres.	1. La invitación de Pedro me ha hecho sentir querida. 2. La reunión con María me ha hecho sentir profundamente dolida. Siento que me ha traicionado al dar un paso al frente sin decirme nada. Confiaba en ella. 3. Soy muy feliz haciendo de hada de los dientes por la noche. Adoro ser testigo de la inocencia de mi hijo, de su alegría.
Identifica tres hechos que hacen que este día haya valido la pena.	1. Volver a hablar con Pedro. 2. Ver a mi hijo sonreír con un diente menos. 3. Sentir que me importan los demás.
¿Qué cosas te propones hacer mañana? Menciona tres.	1. Mirar mi agenda y recuperar alguna amistad algo olvidada. La invitación de Pedro me ha hecho pensar que socializo poco y que las relaciones hay que cuidarlas y que yo las tengo algo desatendidas. 2. Hablar con María para saber por qué adelantó unilateralmente el anuncio en la reunión. Buscar su *feedback* a mi trabajo. 3. Preguntarles a mis padres si pueden hacer las gestiones electrónicas en el banco o necesitan ayuda.

Una de las principales consecuencias de trabajar el agradecimiento es que esta actitud se contagia. Una persona que se *autovalora*, que valora a los demás y a la vida transmite positividad y una aura de plenitud. Son pequeños actos como dar los buenos días al conductor al entrar en el autobús, alabar el trabajo de un compañero de trabajo, agradecer la paciencia a la cajera del banco que nos está ayudando con un trámite, sonreír al vecino con el que nos cruzamos todas las mañanas en la panadería, llamar a aquel viejo amigo para felicitarle por su cumpleaños, invitar a cenar de forma espontánea a tus padres para contarles las últimas novedades, jamás irte a la cama sin decirles a tus hijos que los quieres. ¿Cómo crees que se han sentido todas estas personas? ¿Les habrá hecho pensar? ¿Actuarán con otros de igual forma después? No temas mostrarte vulnerable, comparte tu dicha sin reservas. Ser y sentirse afortunado a veces no van de la mano, pero no tienen por qué hacerlo: concebir cada día como único y no dar nada por sentado es elegir vivir. Los cambios generan cambios. Estás en disposición de transformar tu vida tantas veces como lo necesites: eres un generador del cambio.

Considera desarrollar el hábito de aplicar a diario o de forma recurrente el Método 3 × 5 de la gratitud. Empieza a anotar en un apartado de tu cuaderno de pensar todo aquello por lo que te sientes agradecido. Evita las repeticiones para que el ejercicio no pierda sentido o no te permita llegar a las conclusiones necesarias.

— Identifica tres sucesos que hoy te han hecho pensar.

— Nombra tres hechos inesperados que te hayan sucedido a lo largo del día.

— ¿Qué sensaciones te han suscitado estos hechos? Menciona tres.

— Identifica tres hechos que hacen que este día haya valido la pena.

— ¿Qué cosas te propones hacer mañana? Menciona tres.

Identifica tres sucesos que hoy te han hecho pensar.	
Nombra tres hechos inesperados que te hayan sucedido a lo largo del día.	
¿Qué sensaciones te han suscitado estos hechos? Menciona tres.	
Identifica tres hechos que hacen que este día haya valido la pena.	
¿Qué cosas te propones hacer mañana? Menciona tres.	

Es muy importante que traslades este agradecimiento a los tuyos. Contagia esta positividad y esta gratitud a todos los que te rodean. Cuida tu ambiente y contribuye a hacerlo más sano, agradable y positivo. Entrégate de corazón.

Epílogo:
cese de actividad

Woody Allen, con su habitual sentido del humor, afirma: «No le temo a la muerte, solo que no me gustaría estar allí cuando suceda». No solemos pensar en la muerte, ni en la propia ni en la ajena. Nos aterra su simple posibilidad y la evitamos como sociedad y como individuos. Tema tabú. Nos incomoda hablar de ella. Sin embargo, el cese de actividad de nuestra empresa vital es inevitable y no tenemos posibilidad alguna de traspaso del negocio. Me temo que no nos quedará más remedio que estar ahí cuando suceda.

Toda despedida produce tristeza y ansiedad. Hemos visto, además, cómo los miedos son poderosos *drivers* existenciales. El motivo de otorgarle un espacio al tema de la muerte aquí es que nos brinda una excelente excusa para reflexionar sobre la importancia de la trascendencia vital, del valor de la construcción de un legado propio, pues el modo de ser recordado está intrínsecamente ligado al modo en que hemos vivido. Si quieres morir rodeado de tus seres queridos, es preciso que cuides el vínculo con ellos. Si deseas que tus hijos te recuerden como un padre divertido y cercano, será mejor que dejes de enfadarte por pequeñeces o de exigirles estándares imposibles. Si imaginamos la muerte como un nuevo nacimiento en la memoria de quienes nos sobrevivirán y pensamos en esta nueva vida como un árbol robusto del que crecen ricos frutos, no podemos olvidar que su existencia es producto de la semilla que lo hizo emerger y de las raíces que, aferrándose a las profundidades de la tierra, lo han mantenido y lo mantendrán en pie en lo venidero.

Como hemos visto a lo largo de este libro, tenemos la posibilidad de crear nuestro propio relato, de elegir cómo vivir. También tenemos la posibilidad de elegir cómo morir. No podemos saber cómo o cuándo, pero sí con qué actitud afrontaremos ese momento, cómo relacionarnos con la muerte, la propia y la ajena, cómo hacer que esta despedida tenga sentido, mientras todavía nos queda aliento en el cuerpo. «La muerte solo tiene importancia en la medida que nos hace reflexionar sobre el valor de la vida», aseveraba André Malraux.

Trascendencia y legado

Nuestra idea de la muerte evoluciona a medida que nos acercamos inexorablemente a ella. Forma parte del pacto con la vida. Su presencia es intrínseca al existir. Durante nuestra infancia y juventud somos levemente conscientes de nuestra propia mortalidad. Sin embargo, a medida que maduramos, especialmente en el momento en el que nos convertimos en padres, aprendemos a convivir con el hecho de que la vida es finita y de que puede acabar en cualquier momento y por cualquier motivo. Sin embargo, preferimos no mencionarla, como si pudiésemos así conjurar su visita. Solo al final de nuestros días o cuando aparece una enfermedad es cuando miramos a la muerte cara a cara, reconocemos su existencia y le otorgamos el valor que tiene y la fuerza que confiere a nuestras vidas.

Shakespeare escribió en *Hamlet* que la muerte es aquel país inexplorado del que ningún viajero regresa. Culturalmente, desde que el tiempo es tiempo, hemos soñado con evitar o postergar este trance. Las distintas religiones del mundo hablan de resurrección, del más allá, de la reencarnación. En la gran mayoría de las culturas encontramos, también, historias sobre elixires o fuentes curativas o de vida eterna. La leyenda del Santo Grial es una de ellas. En nuestros días ciframos en la ciencia la esperanza de dar cumplimiento a nuestro deseo de perdurar. Científicos de todo el mundo trabajan en investigaciones para revertir la degeneración celular en una lucha sin cuartel contra el paso del tiempo. De un modo u otro, buscamos la inmortalidad, buscamos trascender. Queremos vivir, pero también ansiamos ser recordados.

En lo personal, creo que la mejor manera de trascender es simple y está a nuestro alcance: para construir un legado, dejar tu huella entre los tuyos y en el mundo solo tienes que vivir. Parece fácil, ¿verdad? No lo es.

A veces el terror a la muerte nos paraliza de tal modo que nos impide alcanzar este objetivo. Es paradójico pero real: el miedo a la muerte nos impide vivir. El filósofo griego Epicuro aseguraba que el miedo a la muerte es natural pero no racional, y que la certeza de que esta sobrevendrá empaña constantemente el cristal de nuestra felicidad o bienestar. «¿Por qué temer la muerte? Si mientras existimos, ella no existe y, cuando existe, entonces no existimos nosotros», reflexionaba Epicuro. Elegir vivir es aceptar que la vida es efímera y frágil, y vivirla a pesar de todo.

Para iluminar esta reflexión es interesante acercarse a lecturas o testimonios de personas que han vivido experiencias cercanas a la muerte, graves enfermedades o que han sido testigos o dedican sus vidas a ser la mano amiga que acompaña a otros en este tránsito. ¿De qué crees que nos arrepentimos cuando morimos? ¿Qué pensamientos ocupan la mente del moribundo? Como puedes imaginar, en esta vida todos orbitamos alrededor de las mismas carencias. La mayoría de las personas antes de morir se arrepienten de:

— No haber declarado en más ocasiones y con mayor claridad y sinceridad sus sentimientos; no haber dado más besos y abrazos, no haber dicho más veces «te quiero» o «gracias».

— No haber sido más auténticos o ellos mismos.

— Haberse resignado, no haber intentado ser más felices, vivir con más plenitud y según sus valores y anhelos.

— Tener una lista de temas pendientes demasiado larga: aquel viaje constantemente pospuesto, aquella gran fiesta todavía por celebrar.

— No haber seguido en contacto con seres queridos o viejos amigos, así como no haber resuelto conflictos latentes o enemistades.

— Haberse tomado la vida y a uno mismo demasiado en serio.

— Haber trabajado más de la cuenta, por supuesto.

Estas confesiones postreras son lecciones de vida: un aviso para navegantes, el legado que nos dejan nuestros antecesores y que increíblemente nos cuesta tanto escuchar, pues se arrepienten de las mismas cosas que pesan tanto en nuestras propias mochilas emocionales y que por algún motivo no logramos soltar y cargamos resignadamente, día tras día. Ante accidentes o tragedias, los familiares de las víctimas siempre cuentan: «Aquella mañana salió de casa corriendo, como siempre. Despedí a mi esposa con un grito desde la cocina, al que ella respondió cruzando ya la puerta de casa». Tal vez no podamos vivir cada día como si fuera el último, pero sí podemos celebrar la vida como el gran acontecimiento que es.

¿Sabes cuántas probabilidades había de que nacieras? Cero y casi cero. En 2014, un investigador de la Universidad de Harvard llamado Ali Binazir calculó la posibilidad estadística de su propia existencia.[19] Mediante distintas fórmulas matemáticas, concluyó que solo había una oportunidad entre cuatrocientos trillones de existir, de ser él y no otra persona nacida en otro tiempo y lugar, en otro linaje y con otras características genéticas. Más allá de creencias espirituales hay que reconocer que la vida es un azaroso milagro.

Para los más descreídos o escépticos, esta caótica causalidad justifica todo cinismo o resignación. Sin embargo, no es necesario creer en ningún ente superior, fuerza de la naturaleza o energía cósmica para entender la importancia del legado, el valor de la trascendencia para el ser humano. El anhelo por persistir en la existencia es universal, y entronca directamente con la necesidad humana de autorrealización, de encontrar un sentido a nuestra existencia.

Lux Narayan, apasionado de los obituarios del periódico *The New York Times*, estudió más de dos mil necrológicas durante 2015 y 2016.[20] Llegó a la conclusión de que la palabra *ayuda* aparecía en la mayoría de los casos. Fueran personas conocidas o no, dejaron huella en sus comunidades mediante el propósito de sus vidas, influyeron en ellas de algún modo.

Me gusta pensar que EPIC es mi legado, un método para que otras personas puedan encontrar su propia manera de vivir y trascender, y construir su propio legado.

Hoy empieza el resto de tu vida

Antes de terminar, me gustaría trabajar un último ejercicio, una llamada definitiva a elegir vivir con plenitud.

Imagina que acabas de salir del médico después de un chequeo rutinario. Te ha pedido más pruebas, pues ha visto algo que no cuadra. Durante semanas acudes a especialistas de todo tipo hasta que te diagnostican una enfermedad terminal. Te quedan apenas unos meses de vida. Estás en estado de *shock*. Te encierras en casa. Necesitas pensar, procesar todo lo que está pasando. Quédate ahí. Te haré una serie de preguntas. Responde con serenidad, conectando contigo mismo. No hay prisa, medita las respuestas y anota tus reflexiones en el cuaderno de pensar.

— ¿Cómo te sientes en este momento?

— ¿Qué temes? ¿Qué es lo que más te preocupa?

— ¿En quién estás pensando?

— ¿De qué te arrepientes?

— ¿Qué temas pendientes, sueños irrealizados o propósitos sin cumplir te vienen a la cabeza?

— ¿Qué decides hacer en este poco tiempo que te queda?

— ¿Con quién quieres pasarlo?

Avancemos un poco en el tiempo. Es el día de tu funeral.

— ¿Quiénes están presentes?

— ¿Quiénes no están y te gustaría que hubieran estado?

— ¿Por qué crees que no han venido?

— ¿Qué podrías haber dicho o hecho para que hubieran venido?

Tus seres queridos, tus amigos, tus allegados, todos están llorando. Se consuelan unos a otros. Tú los contemplas, impotente.

— ¿Qué querrías decirles? ¿A quién?

Toman la palabra. Uno tras otro, dicen unas palabras sobre ti, sobre lo que significa para ellos tu pérdida, lo que quisieran haberte dicho antes de que te fueras. Recuerdan lo que fuiste, lo que hiciste y cómo lo hiciste.

— ¿Qué dicen de ti?

— ¿Qué te gustaría que dijese cada uno de ellos?

— ¿Qué podrías haber dicho o hecho para cambiar lo que han declarado o no de ti?

— ¿Qué te gustaría haber hecho en vida que fuera ahora rememorado por ellos?

El funeral ha terminado. Todos se han ido ya. Te quedas a solas contigo mismo. Te acercas a tu lápida, hay algo escrito. Es tu epitafio, la frase que resume lo que has sido en la vida. La lees.

— ¿Qué dice?

— ¿Qué te gustaría que dijera?

— ¿Qué deberías haber hecho en la vida para que en el epitafio dijera lo que tú deseas?

¿Qué lecciones de vida sacas de este ejercicio? Trae al tiempo presente todas esas reflexiones. Vamos a concretarlas en un plan de acción para redirigir todos aquellos aspectos que te gustaría modificar. Márcate áreas de trabajo. Por ejemplo: familia, amigos y pareja. Define metas que quieras alcanzar. Hazlo siguiendo los métodos OGSM y los objetivos SMART.

No des la vida por sentada. Pensar que siempre habrá un mañana, que siempre habrá otra oportunidad, es ingenuo y poco realista. No siempre podrás lograr tus sueños, a veces tendrás que resignarte, también fracasarás, pero como CEO de tu empresa vital, tendrás la oportunidad de idear tus operaciones estratégicas, liderar tus acciones, ejecutar tus proyectos, analizar tus resultados y obtener tus beneficios. Y es este poder sobre tu propia vida lo que la convierte en consciente y plena.

La gestión del duelo

En el camino de la vida habrá reveses y pérdidas. Pasarás por muchos duelos. Los habrá más terribles, cuando te enfrentes a la pérdida de un ser querido; también menores, pero que te llevarán a iguales abismos: un despido, una enfermedad, un divorcio o el fin de una relación, la emancipación de un hijo, el cierre de un negocio propio, un cambio de domicilio o de ciudad. El dolor forma parte de la vida. No hay pensamientos, por más mágicos que sean, que nos eviten los malos tragos.

En mi caso, la enfermedad y muerte de mi primera esposa fue una experiencia de desierto. En su momento y a partir de entonces, la visión de la psiquiatra Elizabeth Kübler-Ross, una de las mayores conocedoras de la cultura de la muerte y pionera en los cuidados paliativos de enfermos terminales, me ha ayudado mucho. Su manera de definir el duelo me ofreció un asidero al que agarrarme cuando no había nada firme alrededor. Kübler-Ross estructuró el duelo en cinco etapas: negación, ira, negociación, depresión y aceptación, cuya evolución es distinta en cada uno de nosotros y, por tanto, cuya experiencia es única. Primero estamos en shock, la pérdida nos parece imposible e irreal. Luego nos enfadamos, estamos frustrados, buscamos culpables. Más adelante empezamos a entender y buscar sentido en lo que estamos viviendo, lo que nos lleva a la tristeza y a la soledad, ya que somos conscientes de que estamos ante una situación irreversible. Finalmente, iniciamos la curación, aceptamos lo sucedido e intentamos seguir adelante. Hay quienes no pasan nunca por ninguno de estos estadios, quienes se saltan alguno y los que conviven con varios a la vez. El duelo es como un vacío existencial. Durante un tiempo vivimos como en suspenso, ajenos a un mundo que, para nuestra sorpresa, sigue girando, completamente inmutable a nuestro dolor.

Aunque suene extraño, también podemos profesionalizar la gestión de los duelos a los que debemos enfrentarnos a lo largo de nuestra vida. La información es poder, y estar en poder de esta información nos permite hacer una gestión más eficaz de este doloroso proceso. Podemos tener enquistada una relación del pasado por el simple hecho de habernos quedado atrapados en la rabia o no levantar cabeza después de la emancipación de un hijo y estar anclados en la tristeza. La única manera de superar ambas situaciones y seguir con nuestras vidas es llegar a la aceptación y hacer las paces con nosotros mismos. El duelo es largo, duele y, por desgracia, hay que atravesarlo. Esquivarlo, ocultarlo o negarlo no lo hará desaparecer. Al contrario, se convertirá en el centro de nuestra vida. El duelo es un proceso de sanación: tenemos una herida que debemos cuidar y atender con paciencia y cariño para que cicatrice y sane.

Todo final es una lección de vida que nos enfrenta a la idea y a la realidad de la finitud y nos lleva a interpelarnos sobre cómo queremos gestionar los finales que en adelante sobrevengan sobre nuestra vida; y lo más importante, nos obliga a mirarnos en el espejo y a interrogarnos por los inicios y los desarrollos. Wittgenstein decía que el revolucionario es aquel que puede revolucionarse a sí mismo. Comprender y aceptar nuestra propia finitud es liberador, un ejercicio único de determinación, una elección de vida. De esto trata este libro y el método EPIC.

Elige vivir

Deseo que este libro aliente tu determinación, entendida como la combinación de pasión y perseverancia para alcanzar una meta a largo plazo, pues creo que esa es la clave de todo proceso de cambio y transformación. La vida es un maratón y no un *sprint*: requiere de trabajo y motivación, método y disciplina, perspectiva y mentalidad de crecimiento.

Espero que estas páginas te hayan orientado de manera concreta para profesionalizar la gestión de tu vida y desarrollarla tal y como deseas y mereces. Dispones ahora de numerosas herramientas y técnicas: la Actitud Permanente de Conquista, la Doctrina de los Días Plenos, el Método 3 × 5, los diez principios del Alto Rendimiento Vital, el decálogo del Trabajo Ideal, el método POSEIDÓN, entre muchos, para hacer frente a la languidez y la resignación y para dejar de ser un teórico de ti mismo. Espero haber podido transmitir con claridad que existen distintas aproximaciones a un mismo problema o situación, que todo parte de tu propia mirada, del *mindset* o mentalidad con la que te observas a ti mismo, a los demás y a la realidad que te rodea. Solo tienes que creer en ti, en tus capacidades y posibilidades, y esta será la fuente de la que emanará el cambio.

Estás rodeado de gente que cree en ti, solo tienes que mirar atentamente, observar la realidad con la perspectiva y la actitud adecuadas. Practica una mentalidad positiva y posibilista, elige tus prioridades, escucha tus necesidades, vigila tus expectativas, abraza la autorresponsabilidad y valora a los demás, controla tus miedos, creencias limitadoras y todo aquello que te sabotea continuamente, hazte preguntas poderosas y escucha la respuesta que tienes que darte, sueña a lo grande y actúa en forma masiva, pero piensa y opera en concreto, déjate guiar por tu propio liderazgo, trátate bien. Mi mayor deseo es que EPIC, mi legado, sea la palanca que destrabe tu creatividad para imaginar todo aquello que anhelas. Ahora y siempre.

Conecta con tu presente y desbloquea de una vez por todas tu vida. Profesionaliza la gestión de ti mismo, trabaja por y para tu empresa vital. Eres dueño de tu tiempo, de tu trabajo y de tu gran talento. Eres único, tienes valor. Recuerda practicar la Actitud Permanente de Conquista y el Alto Rendimiento Vital, mantener la atención y el foco, estar presente en tu propia vida, posicionarte en el mercado de la vida. Existes. Vives. Eres. Aquí estás. Pon el mundo a trabajar para ti. Encontrar la misión y visión de tu Yo S.L. y alinearlas con tus valores te dará la libertad de vivir con autenticidad, épica y agradecimiento, de vivir según tu propósito, de ser leal siempre y un genuino generador del cambio.

EPIC es un método de consolidación vital que potencia tu bienestar a medio y largo plazo, es una filosofía de vida, un marco teórico, una estrategia para construir un futuro pleno y consciente. Nunca olvides que tu futuro será proporcional al esfuerzo que pongas en él.

«Probé la vida», escribió Emily Dickinson. No puedo estar más de acuerdo. Menos frases motivacionales y más estrategia, más ensayo y error, más probar la vida, más transpiración vital.

Es el momento de Entender quién eres y qué quieres. Es el momento de trabajar para y por tu Propósito. Es el momento de Invertir en tu bienestar, de Iniciar tu proyecto de vida, de tomar la Iniciativa. Es el momento de Consolidar una vida más consciente y plena. Es tu momento EPIC.

Elige vivir.

EJERCICIO FINAL

Tu vida es una nueva página en blanco.

Toma tu cuaderno de pensar y empieza a escribir el relato del resto de tu vida.

¿Cuál va a ser tu plan de acción?

Agradecimientos

En el último capítulo de este libro abordamos la importancia del agradecimiento, una práctica central del método EPIC. Ahora me toca dar las gracias a toda esa gente sin cuya ayuda este libro no sería posible:

A mis padres, por ser referentes continuos de generosidad y rectitud moral. En especial a mi padre, por su optimismo, vitalidad y por ser mi mayor fan.

A Flor, luz que ilumina mi existencia, y a mis tres hijas, Nerea, Lucía y Carlota, por ser las bombillas.

A todos aquellos que han depositado su confianza en mí en los procesos de *coaching*, gracias por vuestra apertura y la profundidad en las sesiones. Ha sido un honor trabajar con vosotros. No sé si sois verdaderamente conscientes de todo lo que me habéis aportado.

A Olga, por todo lo que aprendí contigo.

A Chumi, amigo y editor de prestigio. Sin ti, este libro no existiría.

A Cristina, por hacerlo posible.

A Eva, mi editora, por apostar por este libro y respetarlo.

A Javier Visiers, por escribir ese precioso prólogo que me emocionó.

A Estibalitz Ortiz, directora de la Unidad de Coaching del IESE por escucharme, comprenderme y apostar por mí.

A Rafa Tamames, por su confianza, generosidad, amistad y por ser Rafa Tamames.

A Joserra y a todo el equipo de Findasense, por dejarme ser parte (pequeña y externa) de vuestra evolución.

A todas las personas con las que he tenido la oportunidad de trabajar en Johnson & Johnson, Kellogg's, Grupo IFA y EVO Banco. Especialmente a mis equipos. Sois muchos y no puedo mencionaros a todos aquí, pero quiero transmitiros que sois una parte muy relevante de mi vida.

A mis amigos de toda la vida, Zambo, Víctor, Napi, César, José Luis, Guille, Yago, Juanjo y Santi, por estar siempre ahí y recordarme continuamente la importancia de la amistad.

A Los 7 Impostores, por hacer realidad un sueño divertido.

¡Gracias a todos!

Notas

1. Ver A. Grant, «El malestar que sientes tiene un nombre: se llama languidez» en *New York Times*, 21 de abril de 2021, https://www.nytimes.com/es/2021/04/21/espanol/covid-estado-animo.html

2. Por ejemplo, en 2017, la Universidad de Sichuan llevó a cabo una investigación sobre la neurobiología de la esperanza con semejantes resultados, que publicaron en *Hope and the brain: Trait hope mediates the protective role of medial orbitofrontal cortex spontaneous activity against anxiety*; en 2019, Matthew Gallagher, psicólogo y profesor de la Universidad de Houston, publicó *Examining Hope as a Transdiagnostic Mechanism of Change Across Anxiety Disorders and CBT Treatment Protocols*, en el que ofrecía similares conclusiones.

3. El cuento se encuentra en la antología *Déjame que te cuente: los cuentos que me enseñaron a vivir*, de Jorge Bucay.

4. En 1976, Mahmoud A. Wahba y Lawrence G. Bridwell matizaron los conceptos de Abraham Maslow en «Maslow Reconsidered: A Review of Research on the Need Hierarchy Theory» en *Organizational Behavior and Human Performance*, vol. 15, n.º 2, abril de 1976, pp. 212-240.

5. B. F. Jones, «Age and Great Invention» en *The Review of Economics and Statistics*, 2010 92 (1): pp. 1-14 doi: https://doi.org/10.1162/rest.2009.11724

6. D. Sull, Ch. Sull y B. Zweig, «Toxic Culture Is Driving the Great Resignation» en *MIT Sloan Management Review*, 11 de enero de 2022, https://sloanreview.mit.edu/article/toxic-culture-is-driving-the-great-resignation/

7. The Adecco Group, *Ante el «efecto contagio» de una gran renuncia*, febrero de 2022.

8. Microsoft, «The Next Great Disruption Is Hybrid Work—Are We Ready?» en *Work Trend Index Annual Report*, 22 de marzo de 2021, https://www.microsoft.com/en-us/worklab/work-trend-index/hybrid-work

9. Sh. Chamine, *Positive Intelligence: Why Only 20% of Teams and Individuals Achieve Their True Potential and How You Can Achieve Yours*, Greenleaf Book Group Press, 2012.

10. H. García y F. Miralles, *Ikigai: los secretos de Japón para una vida larga y feliz*, Urano, Madrid, 2006.

11. J. C. Collins y J. I. Porras, «Cómo establecer la visión de su compañía» en *Gestión*, vol. 2, n.º 5, 1997, pp. 40-58.

12. K. Bhattacharya, A. Ghosh, D. Monsivais, R. I. M. Dunbar y K. Kaski, «Sex differences in social focus across the life cycle in humans» en *R Soc Open Sci*, 6 de abril de 2016.

13. J. A. Hall, «How many hours does it take to make a friend?» en *Journal of Social and Personal Relationships*, 36(4), pp. 1278-1296, 2019. https://doi.org/10.1177/0265407518761225

14. M. Van Eck y E. Van Zanten, *The One Page Business Strategy ePub eBook: Streamline Your Business Plan in Four Simple Steps*, FT Publishing International, 2014.

15. D. Lough, *No More Champagne: Churchill and his Money*, Picador, Londres, 2015.

16. S. Handel, *Pequeños hábitos, grandes cambios: Cómo las acciones más sencillas cambiarán radicalmente tu vida ¡para siempre!*, Conecta, Barcelona, 2021.

17. E. Dragioti, J. Radua, M. Solmi, et al., «Global population attributable fraction of potentially modifiable risk factors for mental disorders: a meta-umbrella systematic review» en *Mol Psychiatry*, 2022, https://doi.org/10.1038/s41380-022-01586-8

18. P. J. Mills, L. Redwine, K. Wilson, M. A. Pung, K. Chinh, B. H. Greenberg, O. Lunde, A. Maisel, A. Raisinghani, A. Wood y D. Chopra, «The Role of Gratitude in Spiritual Well-being in Asymptomatic Heart Failure Patients» en *Spiritual Clin Pract* (Washington, D. C.), marzo de 2015; 2(1): pp. 5-17. doi: 10.1037/scp0000050, PMID: 26203459, PMCID: PMC4507265

19. A. Binazir, *The Tao of Dating: The Smart Woman's Guide to Being Absolutely Irresistible*, Kindle, 2010.

20. Puedes consultar: https://www.ted.com/talks/lux_narayan_what_i_learned_from_2_000_obituaries

Recursos

Para leer

Branden, N., *Los seis pilares de la autoestima*, Paidós, Barcelona, 2011.

Brooks, A. C., *From Strenght to Strenght. Finding Success, Happiness and Deep Purpose in the Second Half of Life*, Portfolio / Penguin, Nueva York, 2022.

Brown, B., *El poder de ser vulnerable*, Urano, Madrid, 2016.

—, *Los dones de la imperfección*, Gaia Ediciones, Madrid, 2012.

Bucay, J., *Déjame que te cuente: los cuentos que me enseñaron a vivir*, RBA Libros, Barcelona, 2012.

Burkeman, O., *Cuatro mil semanas*, Planeta, Barcelona, 2022.

Burnett, B., y E. Dave, *Design de vida. Crea la vida que funciona para ti*, Macro Ediciones, Barcelona, 2018.

Castanyer Mayer-Spiess, O., *La asertividad: expresión de una sana autoestima*, Desclée de Brouwer, Bilbao, 2011.

Covey, S., *Los 7 hábitos de la gente altamente efectiva*, Paidós, Barcelona, 2010.

Davidson, R., y S. Begley, *El perfil emocional de tu cerebro: claves para modificar nuestras actitudes y reacciones*, Ediciones Destino, Barcelona, 2012.

Doerr, J., *Mide lo que importa*, Conecta, Barcelona, 2019.

Dweck, C., *Mindset: la actitud del éxito*, Sirio, Barcelona, 2006.

Ehrmann, M., *Desiderata*. Poema en prosa escrito en 1927 y publicado póstumamente por su esposa en 1948, es un conocido texto sobre la búsqueda de la felicidad.

Feldman Barrett, L., *Siete lecciones y media sobre el cerebro*, Paidós, Barcelona, 2021.

Frankl, V., *El hombre en busca de sentido*, Herder, Madrid, 2015. Publicada por primera vez en 1946 esta obra está considerada una de las más influyentes del siglo xx.

García, H. y F. Miralles, *Ikigai: los secretos de Japón para una vida larga y feliz*, Urano, Madrid, 2006.

Gomá, J., *La imagen de tu vida*, Galaxia Gutenberg, Barcelona, 2019.

GOOPMAN, J., *The Anathomy of Hope* [La anatomía de la esperanza], Random House Publishers, Nueva York, 2005.

GRANT, A., *Piénsalo otra vez*, Paidós Empresa, Barcelona, 2022.

HANDEL, S., *Pequeños hábitos, grandes cambios: Cómo las acciones más sencillas cambiarán radicalmente tu vida ¡para siempre!*, Conecta, Barcelona, 2021.

KEYES, C., S. Dhingra y E. Simoes, «Change in Level of Positive Mental Health as a Predictor of Future Risk of Mental Illness» en *American journal of public health*, vol. 100, pp. 2366-2371, diciembre de 2010.

KÜBLER-ROSS, E., *Sobre la muerte y los moribundos*, Debolsillo, Barcelona, 2010

LIPOVETSKY, G., *La era del vacío: ensayos sobre el individualismo*, Anagrama, Barcelona, 2006.

PETERS, T., *50 claves para hacer de usted una marca*, Deusto, Barcelona, 2005.

PINK, D. H., *La sorprende verdad que nos motiva*, Gestión 2000, Barcelona, 2010.

RICARD, M., y W. SINGER, *Cerebro y meditación: diálogo entre el budismo y las neurociencias*, Kairós, Barcelona, 2017.

RICARD, M., *El arte de la meditación*, Urano, Madrid, 2008

—, *En defensa de la felicidad*, Urano, Madrid, 2003.

ROBBINS, T., *El poder sin límites*, Debolsillo, Barcelona, 2019.

—, *Dinero: domina el juego*, Deusto, Barcelona, 2018.

ROBINSON, K., L. Aronica, *Encuentra tu elemento. El camino para encontrar tu pasión y transformar tu vida*, Conecta, Barcelona, 2021.

ROJAS MARCOS, L., *La autoestima. Nuestra fuerza secreta*, Espasa, Madrid, 1999.

STEINDL-Rast, D., *La gratitud, corazón de la plegaria: Una aproximación a la vida en plenitud*, Mensajero, Bilbao, 2014.

HILL, N., y W. C. Stone, *La actitud mental positiva: Un camino hacia el éxito*, Debolsillo, Barcelona, 2018.

VAN Eck, M., y E. VAN ZANTEN, *The One Page Business Strategy ePub eBook: Streamline Your Business Plan in Four Simple Steps*, FT Publishing International, 2014.

Para ver

Feldman Barrett, L., «No estamos a merced de nuestras emociones; nuestros cerebros las crean, TED Talk.
https://www.ted.com/talks/lisa_feldman_barrett_you_aren_t_at_the_mercy_of_your_emotions_your_brain_creates_them?language=es

Para escuchar

Arthur C. Brooks, podcast *How to Build a Happy Life.*